# ニューヨーク流
# 自分を魅せる力

あなたのライフスタイルが最強のブランドになる

*You are the brand,*
*dare to be different!*

*Hideko Colton*

ひでこ・コルトン 著

WAVE出版

# はじめに——ニューヨーク流！「大好きなこと」をして、お金も幸せも手に入れる方法

「そんなことできるの!?」

冒頭の「大好きなこと」をして、お金も幸せも手に入れる方法という一文を読んで、さっそく疑問を持たれた方もいらっしゃるかもしれません。

本書では、この疑問に答えるところから始めていきたいと思います。

ニューヨークは、金融やマスコミ、ファッション、エンターテインメントなどあらゆる業界の最先端をいく街。

ですので、自分でビジネスをしたい人、一攫千金を狙う人、ブロードウェイでミュージカルスターになりたい人など、希望や野心を胸に、世界中から多くの人々が集まります。その結果、実際に夢を実現している人たちであふれています。

そんなニューヨークに私が移り住んだのは、1990年。日本の大学を卒業後、外資系証券会社モルガン・スタンレーを経て、国際結婚をし渡米しました。

その後も、10年以上金融業界で働いたり、起業し現在のビジネスをする中で、いわゆる成功者と呼ばれる方々にも多数お会いしてきました。

なかには、ミリオネアやビリオネアなど、信じられないようなお金持ちもいました。

世界トップクラスの夢を実現してきた人達と出会うなかで、私が目の当たりにしたのは、「幸せなお金持ちの共通点」。それは一言で言うと……

**「好きなことを追求し、自分をブランド化している」**

ということでした。

世の中のほとんどの人は、このシンプルな秘訣に気づいていません。

でも成功を勝ち取った人たちは、

（1）大好きなことで、情熱を注げることを仕事にし
（2）世界にたった一つの「自分ブランド」を作る
この2つを徹底していたのです。

こんな風に言うと、
「それは才能がある特別な人だから、できたのではないか」
と思われる方もいらっしゃるかもしれません。

でも断言させてください。

大好きなことをして、自分をブランド化することは、難しいことではありません。
学歴や容姿、能力や年齢にかかわらず、どんな人でもそのチャンスを持っています。

ほとんどの人が、その方法を知らないだけなのです。知らないがために、やりがいのない仕事をし、望む収入を得られていないのです。

# あなたのライフスタイルが最強のブランドになる！

改めてまして、みなさん、はじめまして。ひでこ・コルトンです。

私は10年以上外資金融に勤務した後、２０１０年に料理家というまったくの異業種に転身しました。

以来、「ニューヨーク流のおもてなし」をテーマに主催している料理教室には、日本からお忍びで参加する芸能人や、現地の駐在員の奥様をはじめ、世界中からたくさんの方に参加いただき、おかげさまでクラスはいつも満席。メンバーはすでに３０００名を超えています。

自宅でビジネスの契約をまとめることが多いニューヨークでは、おもてなしは成約率にも影響するほど必須スキル。大使関係者や社長クラスのプライベートパーティも手がけてきました。

ありがたいことに、これまでにテレビや新聞、雑誌などさまざまなメディアでも幅広く掲載していただき、２０１２年からは米国フジテレビの料理コーナーにも出演。２０１５年には講談社から初のレシピ本を出版しました。

一方で、ティファニーやディオール、髙島屋をはじめハイクラスな企業のフードコーディネートや、日本企業が海外進出する際のお手伝いもしています。

私は今、毎日が楽しくて仕方がありません。

大好きなことが仕事になり、多くの方に喜んでいただき、それによって経済的にも豊かになり、やりたいことを１２０％できる人生を送れているから。

もちろん大変なこともたくさんあります。でも、大好きなことだから、苦労を苦労とは思わない。常に「次はこんなことにチャレンジしよう」「お客様にもっと喜んでいただくために何ができるだろう」と考えることは楽しく、いつもドキドキワクワクしながら日々を過ごしています。

そんな私を見て、「ひでこさんは、飲食の仕事で地道にキャリアを積んだから、今の成功があるのだろう」と思われる方も少なくありません。

しかし先ほどもお話しした通り、私は長い間金融業界で働き、料理家として起業したのは42歳の時。まったく未経験のゼロからのスタートでした。

ではなぜ、そんな状況でも、理想の未来を手にすることができたのか。

もちろん誰よりも真剣に取り組んできたという自負はあります。けれどもそれだけでは、こんな短期間で今の仕事や収入は手に入らなかったでしょう。

そう、すべては先ほど冒頭でお話しした方法を実践した結果なのです。

本書では、私が約30年間ニューヨークで暮らす中で学んだ「大好きなことをして、自分をブランドにする方法」をギュッと贅沢に詰め込みました。

この方法を知ると、お金や幸せが手に入るだけでなく、女性としてより輝き、内側からあふれ出るオーラにたくさんの人が魅了されることでしょう。さらに、運も劇的によくなりチャンスが次々とやってくるでしょう。

このように素敵な変化が起こりはじめるので、起業して成功したいという方だけでなく、会社にお勤めの方、主婦や子育て中のママにも、是非読んでいただきたいと思っています。

たとえば、こんな人のために書きました。

**◆好きなことを仕事にしたい人**
**◆愛されてお金も手に入れたい人**
**◆魅力をアップしたい人**

**◆もっと自信を持てる自分になりたい人**
**◆今の自分を変えたい人**
**◆ママになっても、一人の女性として輝きたい人**
**◆やりたいことが見つからない人**

そして本書でご紹介することは、ニューヨークでなければできないことではありません。

日本にいても、世界のどこにいても、どんな方でも、日々の生活の中で実践できることだけを集めました。

すぐにできること、簡単なことばかりなので、ピンときたところから取り入れていただければ、あなたの人生が今よりもっと輝き出すことを確信しています。

あなたは自分で考えている以上に、多くの可能性を秘めています。

やろうと思えば、なんだってできるのです。
幸せや豊かさを手に入れることだって、夢ではありません。

さぁ、次はいよいよあなたの番です。
ココロの準備はできましたか？

はじめに
――ニューヨーク流！「大好きなこと」をして、お金も幸せも手に入れる方法 ◆ 002

第1章
やりたいことは、今すぐはじめよう
～人生は一度きり！ ケーキのイチゴは一番最初に～

どんな辛い経験も「未来の私の糧」になる ◆ 018
「このままでいいの？」から一歩踏み出すと、世界が広がる ◆ 022
「好き」を即答できますか？ ◆ 025
私の人生は、私次第！ 自分を幸せにできるのは、自分だけ ◆ 027
仕事も恋も、叶えたいことは声に出して伝えよう ◆ 031
もし明日、人生が終わってしまったら何を後悔する？ ◆ 034

## 第2章 理想の未来は、こうつくる！

~ニューヨークで学んだ「最短で夢を叶える秘訣」~


理想の未来をつくる、はじめの2ステップ ◆ 042

最短距離でゴールにたどり着く方法 ◆ 048

コンセプトが決まるともっと加速 ◆ 052

お客様の声を進化のヒントに ◆ 055

「相手の想定を超える」が成功のカギ ◆ 060

強運な人の共通点 ◆ 067

夢はみずからつかみにいくもの ◆ 078

［コラム］ ママがハッピーじゃないと、家族もハッピーじゃない ◆ 084

# 第3章 「好き」を極めるとビジネスになる

## ～世界一幸せなワークスタイルを見つけよう～


「好き」を仕事にすると、なぜ上手くいくのか ◆ 090
あなたにとって、究極の幸せって何ですか? ◆ 101
「好き」がわかる5つのワーク ◆ 104
「やりたいこと」がわからないのは、感覚が麻痺してるだけ ◆ 114
「嫌なこと」はやらない方がいい ◆ 120
主婦だって会社員だって「好き」を仕事にできる! ◆ 123

## 第4章 あなたのライフスタイルを最強ブランドへ
～ナンバーワンよりオンリーワンを目指そう～

人と違う、それだけでスペシャルになれる ◆ 130
「私は私！」が世界でたった一つのブランドになる ◆ 138
NYの女性の素敵な「自分軸」をお手本に ◆ 144
キーワードは「真逆」をいくこと ◆ 146
ルーツ×需要がブランドになる ◆ 154
ファンの心をつかむために必要なのは「Why」 ◆ 158

第5章

# 「好き」を「お金」に変える方法

〜愛されるブランドを作る秘密のルール〜

人はブランドの世界観にお金を払う ◆ 162
売ってはいけない！　価値を伝えるだけでいい ◆ 167
愛する商品の価値を上げる2つの方法 ◆ 173
断ったほうが愛される ◆ 178
お客様のために値引きはしない ◆ 185
なぜあなたでないとダメなのか、を明確にする ◆ 191
愛してくれるお客様は自分で決める ◆ 193

最終章

# 覚悟を決めて「好きなこと」をしよう

## ～夢は逃げない！　自分の道は自分で切り開こう～

この世に失敗はない ◆ 198
今はやろうと思えば、なんだってできる時代！ ◆ 201
最大の敵は、諦めてしまう自分 ◆ 205
自分をブランドにできる人、できない人 ◆ 207
「This Is Me（これが私）！」が扉をひらく ◆ 212
「好きなことをして生きる」がスタンダードに ◆ 216
おわりに――自分の可能性を信じよう―― ◆ 219
巻末特別ワーク ◆ 223

装幀　加藤愛子（オフィスキントン）
編集協力　鮫川佳那子
写真（帯）　宮崎陽子
DTP　NOAH

## 第1章

# やりたいことは、今すぐはじめよう

～人生は一度きり！　ケーキのイチゴは一番最初に～

# どんな辛い経験も「未来の私の糧」になる

私は常に、「人生は短いから、やりたいことをやろう、とことん楽しみ尽くそう！」と思いながら生きています。そんな生き方をしているからでしょうか、料理家として起業以来3000人以上の生徒様とお会いする中で、よくこんな悩みを聞きます。

「仕事が楽しくありません」
「家庭でも、いつも自分ばかり我慢している気がします」
「このままでいいのかなと、時々不安になることがあります」
「新しいことにチャレンジしたいけれど、自分の年齢やお金のことを考えると踏み出せません」

「好きなことを仕事にしたいけれど、周りの目が気になってしまいます」

でも、人生は一度きり。みなさんも、やりたいことを思う存分やって、人生を楽しみ尽くしたいと思いませんか？

私の人生を大きく変えたのは、享年37歳という若さで亡くなった母の死でした。そのとき私は10歳。幼い子どもにとって、母親の存在は自分の全て。

その母親が亡くなったことは、私にとって落ち込むのを通り越して、まるで世界からすべての光が消えて、目の前が真っ暗になるような感覚でした。

今振り返っても、そのときが人生の中で一番辛かった……。

けれどもこの経験をしているからこそ、生きていると悲しいことや辛いことはたくさんあるけれど「母の死に比べたらどんなことも大したことはない」、そう思えるようになったのです。

そして「人生ってあっという間に終わってしまうんだ」ということも心に刻まれました。きっとそれは若くして亡くなった母からの大切なメッセージなのでしょう。

## マイナスが大きいほどプラスに変わる！

母が亡くなった時、私は10歳、次女は8歳、三女は6歳でした。三姉妹の長女だったので、「私がしっかりしなければ！」という想いは人一倍強かったと思います。

学校から帰ると、妹達がお腹を空かせて待っているので、お手伝いさんに料理を教わりながら、キッチンに立つようになりました。その方がいない時は、自分でスパゲッティを茹でて、ケチャップをかけて食べたことも。

そのうち、バターを加えたりお醤油を少し垂らしたりすると、もっと美味しくなることに気づいて、アレンジを加えながら料理をするようになりました。

やがてキッチンに立つことは私にとって生活の一部に。普通のお母さんがいる子どもたちに比べたら、食事を作るということや、食べるということに対する捉え方は、この頃から違っていたと思います。

料理の「見た目」に対する意識も芽生えました。当時、お弁当は父が作ってくれたのですが、やはりそれまで家事をしたことがなかった父が作るお弁当は、他の子どもたちのものとはかけ離れていて……。もちろん父の愛情をたっぷり感じていましたが、お弁当のフタを開ける度に、寂しい気持ちになりました。

料理は味や栄養などももちろん大事ですが、見た目の華やかさも同じぐらい、もしかしたらそれ以上に重要だと身をもって知ったのです。

私は、「ニューヨーク流のおもてなし料理教室」を主宰していますが、こういった子ども時代の経験は、今の仕事に活かされているように思います。

この本を読んでいらっしゃる方の中には、悲しみや苦しみを抱えている方、暗いトンネルを歩いているような、不安の中にいる方もいらっしゃるかもしれません。

でも、大丈夫。

今は辛かったとしても、その経験は後々になって活きてくるはずです。

「あの経験があったから、今の私がいるんだ！」と思える日が必ず来る。

私がそうだったように。


マイナスは、大きければ大きいほど、その分大きくプラスに転じます。

そう、どんなに辛い経験も、「未来の私の糧」になるのです。

## 「このままでいいの？」から一歩踏み出すと、世界が広がる

「このまま、今の仕事を続けてもいいのだろうか？」

そんな風に心の中でモンモンと思い悩んでいる人はきっと多いですよね。

実は、私も同じような経験があります。

大学卒業後、私は日本のある銀行に就職しました。希望通りの就職先でしたし、お給料も安定していました。はたから見れば、条件のいい仕事だったと思います。

でも私にとってはとても退屈で、心からやりがいを感じられる仕事ではありませんでした。そして次第に悩み始めたのです。「このままでいいのだろうか……」と。

当時は、外資系の証券会社が日本に上陸し始めた時期。子どもの頃から英語の世界や海外に憧れがあったこともあり、外資系証券会社への転職を考え始めました。

でも当時の英語力では、夢のまた夢。

そこで英語力をつけるため、思い切ってアメリカ留学を決意！　お金を貯めてニューヨークのコロンビア大学へ一年間の語学留学に行きました。24歳の時です。

初めてニューヨークに降り立った時の感動は、今でも忘れません。

何度も映画で見た、マンハッタンの摩天楼。高層ビルが立ち並ぶ中、ひときわ輝きながらそびえ立つエンパイア・ステート・ビルや、世界中からトップ級のアーティストが集まる、ネオンきらめくブロードウェイ。そして、色鮮やかなイエローキャブが街中を走りまわり、肌の色の違う人たちが足早に行き交います。

街全体から、ものすごいエネルギーを感じました。

一方で、ネイティブの英語は想像以上に速く、初めの頃はここでやっていけるのかと、不安を感じることも……。

けれども、ニューヨークは世界中からいろんな国の人が集まる街。

アメリカ人だけでなくインターナショナルな友達ができ、彼らを通して異文化を学ぶことができました。

「そういう価値観で物事を見るんだ！」と日本にはない考え方を知ったり、今まで食べたことがない食べ物や聞いたことがない音楽などの文化を体験し、日々目からウロコが落ちるような、とても刺激的な毎日が始まりました。

# 「好き」を即答できますか？

特に衝撃だったのは、ニューヨークで暮らす人々の「豊かさ」でした。

ここでいう「豊かさ」とは、いわゆる金銭的な豊かさではありません。

たとえば、あるアメリカ人は、「今ダンスに夢中でレッスンに通っているの！」と、目をキラキラ輝かせながら話しかけてきます。

あるスイス人は、ミュージカルやオペラが大好きで、「ひでこも観るといいよ」とオススメの作品を教えてくれます。またあるベルギー人は、Ｔシャツをコレクションしていて、「このデザインが最高なんだよ！」と熱く語ります。

みんなそれぞれ、打ち込んでいるコトや、大切にしているモノがあって、幸せそうに見えたのです。彼らは、決められたことをやっているのではなく、他人にやらされているのではなく、**「私は◯◯がしたいから」「私は◯◯がすごく好きだから」と自分の意思で、本当にやりたいことをやって楽しんでいる。**

「これが私のスタイル！」というものをみんな持っている。

その姿は本当に輝いていたし、心から充実しているのが見て取れる。彼らを見て、「人生が豊かだな」と感じました。

私はというと「ひでこは何が好きなの？」と聞かれても答えられませんでした。

当時は彼らのように「情熱を持てる何か」はなかったんです。

「ひでこはどう思う？　どれがいいと思う？」と質問されても、「え!?　それでもいいし、あれでもいいし、何でもいい。あなたと同じでいいです！」という具合。

自分の意見もなく、受け身だったのです。

この留学を機に、「私にとって情熱を傾けられることって何だろう？」「私のスタイルって何だろう？」と少しずつ考えるようになりました。

# 私の人生は、私次第！ 自分を幸せにできるのは、自分だけ

帰国後は、念願のモルガン・スタンレー証券に入社することができました。

そこは当時の私にとって最高の職場でした。日本人はほとんどいないグローバルな環境で、みんな明るくポジティブ。常に向上心があり、仕事に一生懸命で、上司や同僚からのアドバイスも合理的で的確。朝は早いし、夜はタクシー帰りという多忙な日々でしたが、毎日とても充実していました。

プライベートでは、最初の夫となるアメリカ人男性と職場恋愛の末、めでたく結婚。彼の東京支社の任期が終わるとともに、ニューヨークへ引っ越しました。

しかし、幸せは長くは続きませんでした。
私は10歳で母を亡くしたこともあり、子どもを持つことへの憧れが強く、30歳までに出産し、あたたかい家庭を築くことが夢でした。しかし、夫とは価値観や将来の方向性が異なり、すれ違いの日々が続きました。

本当は幸せな気持ちで迎えたかった30歳の誕生日。実際は、人生で最も悲しい誕生日でした。

当日は夫がニューヨークのトップレストランを予約してくれましたが、けれどもそこにいたのは、結婚当初とは大きく変わってしまった彼。彼とは理想とする家庭を築くことができないと改めて感じ、「なんでこんな人生になってしまったのだろう」と悲しくて涙が止まりませんでした。

その後、何度も話し合い、なんとか夫婦生活を続けようと努力しましたが、その努力もむなしく、31歳の時に離婚。5年間の結婚生活に終止符を打つことになりました。

## 自分の人生は、自分の足で立とう

今思えば、あの頃の私は未熟でした。私の母は専業主婦だったこともあり、「結婚をしたら、旦那さんに幸せにしてもらうもの」という古い考えを持っていました。自分の人生なのに、相手に幸せを委ねてしまっていたのです。

しかしアメリカでは、結婚しても女性も仕事を持ち、精神的にも経済的にも自立しているのが当たり前。私はその意識が足りなかったのです。

この辛い離婚を通してそのことに気づき、**「もう誰かに頼るのではなく、自分の人生は自分の足で立とう。男性に養ってもらおうと期待するのではなく、むしろ私が相手を養うぐらいの気持ちで生きていこう！」**。そう覚悟を決めました。

そして再び金融の世界に戻り、スイスに本社がある投資会社ＵＢＳのニューヨーク支社に再就職しました。

日本も女性の社会進出が進み、自立する女性が増えています。
その一方で、以前の私のように「男性に幸せにしてもらいたい」と考える女性も少なくないように思います。

でも結婚して夫婦になったとしても、人生何が起こるかわかりません。
もし旦那さんがリストラされたら？　病気で働けなくなったら？
事故で亡くなったら？　離婚したら？　常にそんな可能性があるのです。

そうなった時に、相手に自分の幸せを委ねていたら、自分らしい人生は送れません。
それはアメリカでも日本でも、どこに住んでいたって同じですよね。
自分で自分のことを幸せにできなければ、幸せにはなれません。
**あなたの人生は、あなた次第なのです。**

# 仕事も恋も、叶えたいことは声に出して伝えよう

「仕事はうまくいっているけれど、恋愛は……」と嘆く女性は少なくないですよね。

当時の私も、再就職したスイス系投資会社ＵＢＳでの仕事は順調でしたが、プライベートでは素敵な男性になかなか出会えず悩んでいました。

先ほどもお話した通り、私は結婚し子どもを産んで、幸せな家庭を築きたいという想いを強く持っていました。ところが、「エリートで素敵な独身男性がたくさんいるのでは？」と期待して入社したＵＢＳは、既婚者ばかり！

それに、国籍も人種も宗教も価値観も多様なニューヨークで、自分にピッタリの男性に出会うって、想像以上に難しいことだったんです。

ちょうどその頃、ＴＶドラマ「Sex And The City（セックス・アンド・ザ・シティ）」が大流行中でした。ニューヨークを舞台に30代の独身女性たちが、仕事に恋に奮闘するストーリーです。私も同じく30代でニューヨークに住み、彼女達のように仕事も恋も奔走していた頃。毎週テレビの前で共感の連続でした。
「本当にどこに素敵な独身男性がいるのよー!?」と。

でも、いい出会いがないと不満を言っているだけでは、状況は変わりません。
「このままではダメだ！」と、アメリカ人でも日本人でも、友達という友達に「私は結婚して子どもを産みたいから、誰かいい人がいたら紹介してね」と声に大にして伝え続けることに。

するとある日、女友達からオフィスに電話がありました。「この前、パートナーを探しているって言ってたよね？　紹介したい男性がいるんだけど、会いたい？」と彼女。「もちろん！」と即答すると、「じゃあ今から、カンファレンスコール（会議電話）で彼に繋ぐね」と言われました。あまりにも突然のことだったので驚きましたが、そのまま仕事をしているフリをしながら初めて彼と会話をしました。

彼とはその日の仕事終わりに、私が勤めていた会社の受付で待ち合わせをして、レストランで食事をすることに。あまりに急展開だったものの、現れた男性は4つ年下の飾らないチャーミングな人で、すぐに意気投合！

その後順調にお付き合いし、2年後の37歳の時に再婚。二人だけで南の島へ行き、夕方の砂浜で裸足になって結婚式を挙げました。そしてその2年後には念願だった子どもが授かりました。

あなたにも、「こうなったらいいな」という理想の未来はありますか？

**叶えたいことがあったら、自分の中で思っているだけじゃなくて、声に出して伝えること。**私は今までこの方法で、叶えたいことを次々と実現してきました。

もちろん最初は、他人に自分の想いを伝えるのは恥ずかしいかもしれません。

でも、自分一人で叶えるより、いろんな人の協力があった方が叶いやすいのは明らかですよね？　それは恋愛や仕事だけでなく、あらゆることで。

だから、勇気を持ってどんどん周りに伝えていきましょう。

そういった小さな勇気の積み重ねが、あなたの夢を叶えてくれるのです。

## もし明日、人生が終わってしまったら何を後悔する？

２００１年、９月11日。

その日、私はいつものように会社に出社し、株価のモニターをチェックしていました。すると急に画面が切り替わり、激しく燃えさかるワールドトレードセンターの映像が映し出されました。

オフィスに数十台あるモニターすべてが、その映像に切り替わった異様さ。私も含めて、同僚はみな混乱していました。そして、株がものすごい勢いで暴落。

しばらくすると、ワールドトレードセンターにハイジャックされた飛行機が突撃したこと、それがテロだということが分かりました。オフィスはますます騒然。「帰宅したい人は帰ってください」というアナウンスも流れました。

私は一刻も早く家に帰ろうと、急いで身支度を整え、オフィスから出ました。するとその瞬間、2機目の飛行機が燃えさかるワールドトレードセンターにぶつかっていく姿が見えました。そして目の前で、ツインタワーが爆発炎上し崩れ落ちていったのです。

幸いにも私のオフィスはテロの現場から距離があったため、私自身には直接的な被害はありませんでした。しかし、この衝撃的な瞬間は今でも忘れられません。

ご存知の通り、このテロによって多くの命が失われ、世界中が悲しみに包まれました。そして9・11を機に、ニューヨークでは金融業界から離れる人たちも現れました。それは世界の銀行、証券など金融機関の多くがウォール街に隣接するワールドトレードセンターに入居していたこともありますが、自分の人生について、改めて考え直す人が少なくなかったからでしょう。この業界では「太く短く」という言葉をよく耳にしました。つまり、お給料はすごくいいので、数年で富を築いてリタイアをするという意味です。

「今はハードだけれど、リタイア後の人生を楽しみに頑張ろう！」と、本当に好きなこと、やりたいことを後にとって、働いている人がたくさんいたのです。

でもそうやって必死に働いていた人たちが、一瞬で帰らぬ人になってしまった。朝会社に行ったら、人生が終わってしまった。まさか、こんな途中で自分の人生が終わるなんて、誰も思っていなかったでしょう。

## おばあちゃんになっても、今の仕事を続けたい？

追い討ちをかけるように、２００８年にはリーマン・ショックが金融業界を襲いました。

職を失う人、全財産を失う人が街に溢れました。そのときも、この業界にいた人達は、みんな考えたと思います。「一生、今の仕事でいいのか」と。

私も仕事にはやりがいを感じていましたが、「おばあちゃんになっても、今の仕事を続けたいか？」と改めて自分に問いかけたところ、答えはノーでした。

またその頃、息子は3歳でまだまだ母親が必要な時期でした。ずっと欲しかった子どもがやっとできたのに、朝から晩まで仕事で一緒にいられないことにジレンマを感じ、悩んでいた頃でもありました。

仕事でもプライベートでも、自分の人生を改めて考えさせられる出来事が重なり、「これからは子どもとの時間を楽しみながら、一生続けていきたいと思えることを仕事にしよう！」と、約10年勤めたＵＢＳを退職。

42歳の時、料理の世界で起業することを決意しました。


40代で全くの異業種で起業することに対し、不安がなかったわけではありません。でも、私はこれまで母の死や９・11など、「人生はいつ終わってしまうかわからない」と感じる経験を重ねてきました。

だから「残りの人生は、とにかくやりたいことをやって、一生かけて死ぬまで楽しもう」「後悔しないように、１日で１年分をこなす勢いで超特急で挑戦しよう」、そう思ったのです。

## ケーキのイチゴは最初に食べよう！

この本を読んでいる方の中には、

「もう若くはないし……」

「私にはどうせ無理……」

「子どもがまだ小さいから……」

と、夢ややりたいことを諦めたり我慢している方がいらっしゃるかもしれません。


でも繰り返しになりますが、人生はいつ終わってしまうかわかりません。

明日、事故に遭うかもしれない。

テロに巻き込まれるかもしれない。

大地震が起きるかもしれない。

病気になって死んでしまうかもしれない。

そんな可能性だってあるのです。


だから、やりたいことは後にとっておかない！　今すぐやる！

ショートケーキのイチゴは、最後ではなく、一番最初に食べるのです。

それが幸せになる一番の近道だから。

一人でも多くの方に、そんな生き方を選んでいただきたいなと思っています。

第2章からは、私がどうやって夢を形にしていったのか、具体的にお話していきます。私と一緒に、あなたの人生を輝かせる旅に出発いたしましょう！

第2章

# 理想の未来は、こうつくる!

～ニューヨークで学んだ「最短で夢を叶える秘訣」～

# 理想の未来をつくる、はじめの2ステップ

さぁ、ここから私の料理家人生が始まるわけですが、これまでお話してきた通り、私はフードビジネスに関してまったくの素人でした。

それに「料理に関わる仕事」をしたいと思いながらも、具体的に何をしていいのか、どうやったらいいのかわからないことだらけ。

そんな私が、その時々で何を考え、どんな行動をとって、40代で夢を形にしていったのか。その過程を具体的にご紹介していきましょう。

## 第1ステップは自分を知ること

新しいチャレンジをする時に、一番最初にすべきなのは、自分を知ること。
私もまずは自分と向き合うことから始めました。

**◆何をしている時に幸せを感じるのか。**
**◆何時間でも夢中になれることは何か。**
**◆女性を活かせる仕事は何か。**
**◆おばあちゃんになっても一生やりたいことは何か。**

さまざまな質問を投げかけ、自問自答していきました。
そこで迷わず即答したのが「料理に関わる仕事」でした。

同時に、それまでの経験も振り返っていきました。

私は長年、金融業界で株のセールスをする中で、日本人の投資家とアメリカ人のアナリストや企業のトップの間に入り、日本とアメリカの架け橋となる仕事をしてきました。だから、料理の世界でも、その経験を活かせるのではと考えたのです。

## 第2ステップは、思いついたらとにかく行動

自分を知り、目指すべき方向性が少しずつ見えてきた私は、次に何をしたのか。家族ぐるみでお付き合いのある、カリスマシェフのデビット・バークに「日本とアメリカの架け橋となる料理イベントをやってみたい」と相談してみたのです。

すると、「それは面白いアイディアだね」とすぐに意気投合！デビットが日本人のお客様の前で料理のデモンストレーションをし、私が日本語で解説するというイベントを開催することになりました。

やると決まったら、次は集客！　当時は今のようにＦａｃｅｂｏｏｋ等のＳＮＳが一般的ではなかったので、チラシや張り紙を作って、日本人が集まりそうな日系スー

パーに置かせてもらったり、フリーペーパーに広告を出して告知をしていきました。

初めての集客は手探り状態ではありましたが、イベント当日は貸切にしたレストランがいっぱいになるほど多くの日本人が集まり大盛況！　参加してくださった方々から「また開催してほしい」という声を多数いただきました。

しかしニューヨークのレストランを貸し切るのは、かなりのコストがかかります。さらに多忙なデビットとスケジュールが合わないことも相まって、再び開催されることはありませんでした。

## 一つの行動が、次のチャンスを引き寄せる!

大盛況だっただけに残念に思いましたが、落ち込んでいても仕方がありません。気持ちを切り替え、「今度はどんなビジネスを仕掛けよう」と次のアクションを考えていると……なんと、あのハイエンドブランド、ティファニー・ニューヨーク本社から仕事の依頼が！
「世界の支店長をニューヨークに集めて会議を開くので、食を通じて彼らのチームワークを強化するイベントを企画してほしい」というものでした。
なぜ世界を代表するトップブランドのティファニーから、当時実績も少なかった私にこんな依頼が来たのでしょうか？

実はデビットとのクッキングイベントには、ティファニーの関係者も参加されていて、その内容にご満足いただいたことから、このようなご縁に繋がったというわけです。

そう、**1つの行動をしたことで、次のチャンスを引き寄せた**のです。

このティファニーとのイベントでも前回組んだデビットに講師をお願いする予定でしたが、残念ながら都合が合わず、ミシュラン常連の高級レストランのシェフであるダニエルにお願いすることに。

彼考案のカクテルやおつまみのレシピを学びながら、参加者同士のネットワークを築いていくというニューヨークならではのパーティは大成功に終わりました。

食には人と人をつなげる素晴らしい力がある。

この経験を通じて、そう感じました。そして私自身でも、お料理教室をやってみたいと思うようになったのです。

それもニューヨークならではのエンターテインメント溢れるパーティスタイルで、参加者との交流も楽しめる料理教室を。

この2つのイベントが、現在私が主催している「ニューヨークのおもてなし料理教室」の原点となりました。

繰り返しになりますが、起業当初は「料理に関わる仕事をしたい!」と思いながらも、具体的に何をしていいのか、どうやったらいいのかわかりませんでした。

でも自分と向き合い、自分を知り、思いついたことを行動に移していった。

そうしたら、次のチャンスが引き寄せられ、現在行っているビジネスの原点に繋がっていったのです。

新しいことに挑戦する時は、みんな初心者です。
最初から、何をするのが正解かわかっている人なんていません。
ですから、まずは自分を知り、思いついたら行動してみること。
それが理想の未来を作る、初めの一歩になるのです。

## 最短距離でゴールにたどり着く方法

でも、ただやみくもに行動するだけでは、なかなか理想の未来にはたどり着けません。

どうすれば最短距離でゴールへ行けるのでしょうか。

それは、**自分が行きたい分野の人に相談すること**です。

私の場合は、フードビジネスで成功しているデビット・バークに相談したことが良かったのです。

「私にはそんなすごい人脈はありません」という方もいらっしゃるかもしれません。

でも、**必ずしも輝かしい実績を持っている人との人脈である必要はない**んです。

たとえば、あなたが美容関係の仕事をしたいと考えているとします。

まずは、その分野の知り合いがいないか考えてみましょう。

「あっ、そういえばＡさんはまだキャリアは浅いけれど、美容関係の仕事をしていたなぁ」と思ったら、Ａさんに相談してみる。その話を聞いたＡさんが「だったら、Ｂさんを紹介するよ」と未来のキーパーソンを紹介してくれるかもしれません。

そこまでスムーズに進まなかったとしても、後日Aさんが「私の友達がこんなことをやりたいそうです」と話したCさんが、未来のキーパーソンになるかもしれないのです。

人はみんな繋がっています。池に石を投げると波紋が広がるように、たとえ最初に投げた石が小さかったとしても、そこからあなたの可能性が広がっていくのです。なので、まずはその分野に少しでも近い人に相談してみましょう。

それは仕事だけでなく、すべてにおいて、です。

たとえば、私はよくお料理教室の生徒様から「おいしいワインはどうやったら見つけられますか？」と聞かれます。その度にお伝えしているのは、行きつけのリカーショップと仲良くなること。

リカーショップへ行く度に、「この前買ったワイン、すごく美味しかったです！

今日はこんな料理を作るんですが、どのワインが合うと思いますか？」というように、オーナーと会話を楽しんでみましょう。そうするとオーナーも喜んで「じゃあ、このワインはいかがですか？」と新しいワインを提案してくれるでしょう。

仲良くなっていったら、オーナーから「今度ワインの試飲会があるのですが、来ませんか？」と声をかけてもらえるようになるかもしれません。

そうしたらもっと深く学ぶことができるし、そこでワインに詳しい人との新しい出会いがあるかもしれませんよね？

ワインに興味があったら、ワインのエキスパートと。
料理に興味があったら、料理のエキスパートと。
ファッションなら、好きなブランドのエキスパートである店員さんと。

**自分が目指している分野のエキスパートに相談するのが近道なのです。**
そんなポイントを意識しながら、能動的に動いていきましょう！

# コンセプトが決まるともっと加速

いよいよお料理教室のスタートです！

その前に、改めてこれから始めるお料理教室のコンセプトを考えました。

私はこれまでニューヨークに長年住み、さまざまなパーティに参加する中で「こんなの初めて！」と驚くような、ホストの知恵と工夫に満ちたおもてなしをたくさん見てきました。

そして、デビットとティファニーのイベントを経て感じたのは「ニューヨークならではのエンターテインメント溢れるパーティスタイルで、参加者との交流も楽しめる料理教室をしたい！」ということ。

「では、それを一言で表現するとしたらなんだろう？」
そのとき頭に浮かんだキーワードが「ニューヨークのおもてなし」でした。
そう、これが料理教室のコンセプトになったのです。

**コンセプトが決まれば、あとは早い！**

目指していく方向性も決まるので、どんどんアイディアが湧いてきました。

「毎回テーマを決めて、それに沿った料理を作るだけでなく、テーブルトップやフラワーアレンジメント、音楽、香りなどの空間プロデュースまで含めた料理教室にしていこう！」

「たとえばバレンタインの時期だったら、テーマカラーはピンクと決めて、テーブルコーディネートだけでなく、料理にもピンクを取り入れたり、バラの香りがするデザートをお出ししたり、とことんロマンティックに演出し盛り上げていこう！」
とワクワクしながら考えていきました。

こうして私の料理教室のスタイルは確立し、２０１０年の春、ついに自宅で本格的にスタートさせました。

当初は、デビットのイベントに来ていただいたお客様や、ブログでの発信を見て来てくださったお客様が中心。1回6～7人のレッスンを月に2～3回開催する程度でした。しかし、次第に参加してくださったお客様のクチコミで広がり、1年後には毎回レッスンは満員御礼！　ご予約くださるお客様が増え、頻度も1日おきに開催するほどになっていきました。

**なぜ私のお料理教室は、短期間でここまで話題になったのでしょうか。**
それはやはり、「ニューヨークのおもてなし」というコンセプトが明確だったからだと思います。

この世には、お料理教室をはじめサロンが星の数ほどあります。

その中から選んでもらうためには、ただサービスを提供しているだけではダメ。

お客様に見つけていただけるよう、しっかりコンセプトから設計し、自分をブランディングしていくことが大切なのです。（第４章、第５章で詳しくご説明するので、楽しみにしていてくださいね）

## お客様の声を進化のヒントに

私はこれまでお客様の声をもとにビジネスを展開してきました。

たとえば、当初は平日しか料理教室を行っていなかったのですが、お仕事で参加できない方からご要望をいただき、土日のレッスンも作りました。

また「小さい子どもがいるから参加できない」というママの声を聞いて、ベビーシッターを雇いお子様同伴ＯＫのクラスも作りました。

認定講座を始めたきっかけもそうです。

勉強熱心な生徒様から、「私も先生のようにお料理教室を開きたいので、弟子入りさせてください。認定校を作ってください」と言われたのが始まりです。

しかし当時の私は「認定校」とは何なのか、わかりませんでした。思わず「認定校とは」と検索したぐらいです。調べてみると、「この先生の元で本格的に技術を学び、正式に認定いただきました」と証明する資格制度なのだとわかりました。

そうこうしている内に、私のお料理教室で学ぶために、日本で勤めていた会社を辞めてニューヨークにいらっしゃる方まで現れました。これは責任重大だと思い、「やるからには1対1で、その方のやりたいことに沿った完全オーダーメイドのレッスンを作ろう！」と現在の認定講座ができました。

この講座では、お料理や空間プロデュースなどの技術だけでなく、サロンのコンセプトを作る所から、どうビジネスを作っていくかまでお伝えしていきました。

**その中で驚いたのは、多くの方がブランディングの重要性を知らなかったこと。**

先ほどもお伝えした通り、ただ単にお料理を教えてもお客様はやってきません。

つまり、どんなにお料理の技術があったとしても、数あるサロンの中から選ばれなければ、ビジネスとしてお料理教室を続けることはできないのです。

そこで私は、ニューヨークでさまざまな成功者に会う中で学んだ、「自分をブランドにする方法」を伝授するようになりました。

## 「好き」を仕事にするブランディング講座

また、認定講座で生徒様のやりたいことや強みを引き出していくうちに、料理よりもテーブルコーディネートやインテリアなど別のことに興味がある方や、本当は何をしたいのか具体的に見つかっていない方もいらっしゃいました。

蓋を開けてみたら、お料理教室をやりたいという方ばかりではなかったのです。

でもみなさんに共通していたのは、「自分の好きなことを仕事にしたい」ということ。

しかし何をやればいいのか、どんな風にやればいいのか、わからなかったのです。

そこで、自分が心から情熱を注げる好きなことを見つけるところから、自分ブランドを作りビジネスにしていく方法をお伝えするブランディング講座（COLTON METHOD™）を作りました。

こうして私のもとには、色々な分野で「自分の好きなことをビジネスにしたい！」と考える生徒様が集まるようになっていきました。

## トップブランドもお客様の声で進化

実はトップブランドも、常にお客様の意見を大切にし、それらを取り入れ進化しています。たとえば、ディオールでは様々な業種のお客様を集めて意見を聞く、「フォーカスグループ」というものを行っていました。

私も金融時代に招かれ参加したことがあります。高級ブランドが立ち並ぶ5番街のディオール。そこへ私の他に、弁護士や医師、音楽家など10人ほど集められ、お店に入ってどう感じたか、このバックはこの場所にディスプレイすべきかなど、気づいたことや感じたことをレポートするんです。

その後は、一般の人は入ることができない社長室のあるトップフロアのラウンジへ。シャンパンで乾杯し、食事を楽しみながら、そこでディオールのコンセプトを聞きます。それを元に、みんなで改善点をディスカッションしていくのです。

誰もが知るトップブランドのディオールでさえ、その地位に奢らず、お客様の声をもとにビジネスをブラッシュアップさせている。

私たちも、大いに見習うべきではないでしょうか。

# 「相手の想定を超える」が成功のカギ

「ひでこさんにとって、仕事のやりがいはなんですか？」と聞かれたら、私はいつも「お客様に喜んでいただくこと」と答えます。

楽しい時間をシェアすることは、人生の幸せにつながると考えているからです。

私は昔から人におもてなしをすることが大好きで、金融時代も「クライアントの期待を超えるサービスを提供したい！」と常に思っていました。

以前勤めていたＵＢＳでは、とても素敵なダイニングフロアがあり、私はそこで「おもてなしの真髄」を学びました。そのフロアは他とは雰囲気が全く違っていて、まるで美術館のようにアートが飾られていました。そして、ニューヨーク市民に愛されている広大な公園、セントラルパークが一望できるロケーション。個室がたくさんあり、専属の一流シェフによる食事を楽しむことができたんです。

料理は美味しいし、眺めは最高だし、美しいアートがあるし、毎月テーマごとに変わるテーブルコーディネートも素敵だし、何より関係者しか利用できないプライベート空間！　どんなレストランより、そこで食事をした方がお客様も感動してくださいました。そして、商談もスムーズにいったのです！

最近では、こんなことがありました。

みなさんは、高級だしをはじめ、厳選した素材で丁寧に作られた調味料を展開するブランド「茅乃舎」をご存知ですか？　実は数年前から、市場調査などのお取り組みをご一緒させていただいています。

そんなご縁あって、以前福岡の本社に伺った際、レストラン茅乃舎にもご招待いただきました。そのとき、今でも忘れられない素晴らしいおもてなしを体験しました。

そこは初夏なら蛍飛び交う山里。まるで日本昔話にでてきそうな大きな茅葺屋根の外観。日本庭園が見渡せる個室。まさに美しいニッポンを感じる空間でした。

訪れた季節は秋から冬に移ろう頃。ふとテーブルを見ると、しつらえてあったのは真っ赤な本物のもみじで彩られた和紙の敷き紙。しかも真ん中には花の絵柄の文字で、「ひでこさま」と書かれていました。

さらに、わたしの名前をモチーフに、メッセージまで添えられていたのです。

「ひ」まわりのような明るい笑顔の下で
たゆまぬ努力を重ね
輝く個性は
「で」あう人々を魅了し続け
五感を全て使った

「こ」ルトン流のおもてなしを発信し
フードビジネス業界に新風を吹き込む

私のためだけにここまでご準備いただいたこと、その心遣いに初めから感激してしまいました。

さらに驚いたのが、私の顔写真と「ひでここルトン様専用」という文字が入ったオリジナルの調味料をプレゼントしてくださったこと。

実はレストランへ向かう前に、本社を訪問したのですが、その際スタッフの方が記念撮影をしてくださいました。その写真を使い、短時間のあいだに私専用のギフトを作ってくださったんです。

茅乃舎を展開している久原本家グループでは、お客様とのご縁をつくる「お結び課」という部署があるそうです。そこでは日々、お客様へのおもてなしを企画しています。

今回、私の訪問が決まった時も、案内をしてくださる担当者とこの部署の方が打ち合わせをして、私の人柄を共有した上で、どんなおもてなしをしたらいいか計画してくださった、ということでした。

私は元々、厳選した素材を使い、高品質で美味しい調味料を作っている茅乃舎の長年のファンでした。

でも、この時のホスピタリティの数々に感激して、さらに大ファンになってしまいました。そして、なぜ茅乃舎がお客様の心をつかんで離さないのか、なぜビジネスが急成長しているのか、その理由がわかりました。

おもてなしとは一言で言うと、愛情を与えること。

**「あなたはスペシャルです」という特別感**なのだと思います。

そういう愛情をたっぷり受け取ったら、相手も「こんなにもてなしてくれて、ありがとう！」と愛情を返したくなる。だから、ビジネスもうまくいくのでしょう。

これはどこの業界であろうと同じです。

ビジネスはお互いウィン－ウィンにならないといけないので、自分の利益だけを追求してはうまくいきません。自分の望みだけでなく、相手の望みも一緒に叶える。

それも、相手の想定を超えるレベルで！

そういう人には、相手も助けてあげよう、応援してあげようと思うのではないでしょうか。

## 人を喜ばせるのが好きな人は、ビジネスで成功する

私はお料理教室を始めてからも「どうやったら生徒様はもっと喜んでくれるだろう」「どうやったらその人の日常をより豊かにできるだろう」「どうやったら生徒様の期待を超えるサービスを提供できるだろう」と思いながら、メニューや演出を考えています。

そうやって相手のことを想って仕事をすると、そこに愛情が生まれます。

すると生徒様も、その愛情を感じて満たされて、ここで習った料理を家で作って家族をもてなしたいと思うし、誰かにこの体験を伝えたいと思う。

そして出来上がるのが「愛の循環」。

だから私のお料理教室は、クチコミでどんどん広がっていったのだと思います。

**「人を喜ばせるのが好きな人は、ビジネスで成功する」。**

私は後に、これは成功法則なのかもしれないと思うようになりました。

そもそもビジネスは人間相手。そのお客様に喜んでもらえなければ、うまくいくはずがありません。もしあなたが、好きなことをビジネスにしたいのであれば、この視点を忘れないでくださいね。


あなたの好きなことで、人に喜んでもらえることは何ですか？

# 強運な人の共通点

現在私は、料理教室の主催だけでなく、ドイツの高級家電ブランド「ミーレ」とコラボレーションをしたり、「ディオール」をはじめハイクラスな企業のフードコーディネートもしています。

それはすべて、人が運んでくれたご縁によるものでした。

料理教室を始めてしばらくすると、嬉しいことにクチコミで料理教室は毎回満員御礼。自宅に生徒様が入りきらず、もっと大きなキッチンを持っている友人宅で教室をやらせていただくようになりました。そのキッチンが、偶然にもミーレのものだったのです。

料理教室をするたびに、その様子をブログやFacebookに投稿していたところ、友人が「ひでこさんは、ミーレのキッチンでお料理教室をやっているのね。日本にも素敵なミーレのキッチンスタジオがあるから、もし日本でお料理教室をする時はそこでやってみたら？」と教えてくれました。また別の友人からも、「私の知り合いがミーレの社長さんを知っているから、紹介しようか？」と提案があり……。

このような経緯で、日本とニューヨークにあるミーレのキッチンスタジオをお借りし、定期的にお料理教室を開催できるようになったのです。

ミーレとしても私を通して料理に興味を持つ女性たちにPRできるということで、なんと後にスポンサーにもなっていただきました。

実は、私は以前から「ミーレのキッチンスタジオでお料理教室ができたらいいな」と思っていたので、過去に何度かニューヨークのオフィスへ行き、スタッフの方に相談したことがあります。しかしそのときは、「ここはうちの専属シェフだけが使用していますから」と断られてしまいました。無理もありません。突然知らない女性がやってきて、「あなたのキッチンを使わせてほしい」と言うのですから。

なのでまさか、このような流れで憧れだったミーレのスタジオで料理教室ができるなんて、ましてやスポンサーになっていただけるなんて夢のようでした。

私がしてきたことと言えば、お料理教室の様子をSNSで投稿しただけです。

**「自分が何を想い、何に挑戦しているか」**
**それを常に発することは、夢に近づくためにとても大切なのだと痛感しました。**

さらに、このコラボレーションがきっかけで、ディオールとのご縁も生まれたのですから驚きです。

初めて日本のミーレで料理教室をした時、さまざまな業種の方々にご参加いただきました。その中の一人に、フリーランスでディオールのPRをお手伝いされている女性がいらしたのです。さらに、そのとき、ディオールのお洋服を着ている方も！

それを見たPRの彼女が、「ひでこさんの生徒様の中には、ディオールのお客様がたくさんいらっしゃるかもしれない」とひらめき、彼女からディオール本社にコラボレーション企画を提案。ちょうどディオールはフードの世界にも進出し、食器やテーブルコーディネートの商品展開を始めていた頃。

そんなタイミングも重なり、私が提案するお料理を、ディオールのお皿やグラスでお客様に提供するというイベントを開催することになったのです！

**「チャンスは、人を介してやってくる」**

このことに気づいたのは、40代になってからでした。人生を振り返った時、「あの人に出会っていなかったら、今の私はいない」「今これができているのも、あの時あの人がくれたアドバイスのお陰なんだ」というようなことが、たくさんあったのです。

現在の夫と出会えたのもそう。会社と家の往復だけでは出会いがなかった独身時代、いろんな業界の友達に「結婚して子どもを産みたいと思っているので、素敵な男性がいたら紹介してね」と伝えていたら、その中の一人が連れてきてくれた。

料理家として起業してからも同様です。人とのご縁によって、信じられないような未来に繋がる扉が次々と開かれていった……。

そう、人とのつながりがないと、新しい世界は開かれないのです。

## 「運の神様」に好かれる人

私のクラスには、お忍びで参加する芸能人やセレブリティもいらっしゃいます。

彼らと接していて、いつも感じるのはそのお人柄の素晴らしさ。

どんなに著名な方だとしても、とても腰が低く、感じがいい方ばかりなのです。

きっと常に相手が何を求めているかを考え、思いやりの心を忘れないからでしょう。

そういう人が、運を掴んでいくのだと思います。

だって、周りが放っておかないですから。

特に芸能界は、華やかですが、浮き沈みが激しい世界。どんなに才能や容姿が素晴らしかったとしても、それだけでは長年人気を保持するのは難しいのでしょう。ずっと第一線で活躍するには、最後は人柄なのではないかと思います。

**人に好かれる人は成功します。なぜなら、運は人が連れてくるから。**

そして人から好かれる人は、上の立場の人からも可愛がられるし、友達や仲間も支えてくれるし、何かあったら後輩や教え子も駆けつけてくれる。

上から、横から、下から、全方向で応援されるのです。

逆に、**人に好かれないと運の流れを止めてしまうと言えるでしょう。**

これまで私がお会いしてきた、ビジネスで成功している方たちも、皆そうでした。

一緒にいて、こちらも気持ちがよくなる方ばかりなのです。

感じがいいとか、明るいとか、ポジティブとか、そういうのは基本中の基本。

彼らは人の悪口も愚痴も一切言いません。

もちろん、相手が目指すものと自分の目指すものが違ったら、意見を伝えますが、それはより良い未来を創るために必要なこと。でもただの悪口や愚痴は、未来にまったくつながらないので、彼らは口にしないのです。

ですから私は、**不平不満を言う人を見ると、厳しい言い方ですが「この人は成功しないな」と思ってしまいます。**

人間なので、時には「疲れた」とか「辛い」と弱音を思わずこぼしてしまうこともあるかもしれません。でも人を批判したり、愚痴を言う暇があるなら、自分を磨くことに時間を使った方がいいのではないでしょうか。

**不平不満を言うということは、自分を磨いていないということ。**

自分を磨いていないと、前に進んでいけません。

人生は短いので、１分１秒たりとも無駄にしてはいけないのです。

「人のせいにしない、すべて自分に責任がある」

そう覚悟を決めて前向きに進んでいけば、周りの人だって、運の神様だって、味方になってくれます。

人が応援したくなるポジティブなエネルギーは、自分に返ってくるのです。

## 「〇〇といえば、あの人！」になる

もう一つ、運をつかむ人の共通点を挙げるとしたら、「この子は！」と一目置くような個性を持っている人ではないでしょうか。

なぜかというと、個性があると人から注目されるからです。さらにその個性が素晴らしければ、上の立場の人も引っ張ってあげたいと思うでしょうし、仲間も応援したいと思うし、後輩や教え子もついていきたいと思うでしょう。

そう、**人に好かれるだけではなく、プラス個性があるとすごく強い**のです。

みなさんも、**「人に好かれる×個性がある人」**を目指していきましょう。

では、個性がある人とはどういう人でしょうか。

一言でいうと「○○といえば、あの人!」と思い出してもらえる人です。

私は現在、米国フジテレビの料理番組に出演しているのですが、それも思いがけない所からご縁をいただきました。

きっかけは私の生徒様の中にいらした、ジュエリーデザイナーの方。彼女はテレビ番組の撮影で使われるジュエリーのレンタル業もしているので、よくその局に出入りしていました。

ある日、ジュエリーを届けるために局へ行った彼女はプロデューサーと出会い、こんな相談をされたそうです。

「料理コーナーでシェフが教えるレシピは凝ったものばかりなので、視聴者から難しいという意見が多いんです。ニューヨークの食材を使った、華やかだけど簡単なレシピを紹介してくれる料理教室の先生を知りませんか?」と。

そこで彼女が「ピッタリの方がいます」と私のことを紹介してくださったのです。

私は、自分がまさかテレビに出るなんて発想もなかったので、最初は驚きました。でもチャンスだと思ってお引き受けし、現在も出演させていただいています。

ティファニーやミーレ、ディオールとのお仕事もそうですが、こういった企業とのお取り組みは、たいてい先方からご提案いただいています。私から積極的にアプローチをしたことはないんです。

それも「ニューヨークで料理教室といえば……」「ニューヨークのおもてなしといえば……」と私のことを思い出していただけたから、なのではないかと思います。

片づけコンサルタントの近藤麻理恵さんも、まさにそう。彼女の著書『人生がときめく片づけの魔法』は、40カ国以上で翻訳され、シリーズ累計800万部の大ヒット！

特にアメリカで売れていて、米「TIME」誌では村上春樹氏とならび「世界で最も影響力のある100人」に選ばれたほど。また「片づけをする」という意味として

「kondoing」という単語まで誕生するくらい、社会現象に発展しています。

彼女の片づけ理論が、どうしてここまで世界で支持されているのか。それは、「一度片づければ二度と散らからない」という彼女のメソッドが素晴らしいことや、物質的には満たされているけれど、なぜか心が満たされないと感じている現代人が求めている内容だったということもあるでしょう。

でも私は、「片づけ」×「ときめき」という掛け合わせがキャッチーだったことが、大きな要因なのではないかと考えています。

「片づけ×ときめきといえば、こんまりさん！」と思い出してもらえたからこそ、世界的ヒットに繋がったのではないかと思います。

さあ、あなたならではの個性は、どんなことですか？

見つけ方の秘策は第４章でご説明するので、どうぞ読み進めてくださいね。

# 夢はみずからつかみにいくもの

これまで「運は人が運んでくるもの」とお話ししましたが、もし「これがしたい」という明確な夢があるのなら、やはり自分からチャンスをつかみにいくことも大切です。

実は、私はずっと前から「レシピ本を作りたい」と思っていました。

というのも「ニューヨークのおもてなし教室では、どんなことをされているんですか？」と聞かれる度に、「毎回テーマを決めて……」と説明するものの、言葉だけで伝えるのは限界があると感じていたからです。

そこで、私の世界観を1冊の本にまとめたら、みなさんにより理解していただけるのではと思い、Ａｐｐｌｅの編集アプリを購入し自分でレシピ本を作りました。

私は本作りのプロではないですし、イメージが伝わればいいと思って作ったので簡易的な本でしたが、それを何人かに見せたところ、「素晴らしい内容だから、日本の出版社から本を出した方がいいんじゃない？」と言ってくださる方がいたんです。

ニューヨークにいながら、日本の出版社でレシピ本を出した人を私は聞いたことがありません。だから最初は、「そんなこと出来るわけがない」と思いました。

でも、もし出版が実現したら……

「海外に住んでいたって、何でもできる！」ということを証明できる。

生徒様の励みにもなるのではないか……。そう思うようになりました。

とはいえ、当時の私は出版社の知り合いもいないし、どうやって本を出すのかさえ、わかりませんでした。そこで、ニューヨーク在住でありながら、日本のさまざまなメディアで記事を書いているライターの黒部エリさんに相談したのです（これも先ほどお話した「その分野の人に相談してみる」ですね）。

すると「レシピ本を出している部署に、直接電話やメールを送ってみたら？ 出版社は常に新しいネタを探しているから、企画をいいと思ったら受け入れてくれるかもしれない。もしダメだったとしても、また別の機会に再チャレンジすればいいんだし！」とアドバイスをいただきました。

さらに、本の企画書を書くポイントまで教えてくれたのです。

私は金融時代も企画書を書いたことがなかったので、この時初めて企画書というものを作りました。

そして、ドキドキしながらニューヨークから日本の出版社の代表番号に電話。

「突然のご連絡で申し訳ありません。私はニューヨークでおもてなし料理教室を主催している者で、レシピ本を出したいと考えています」と話すと、受付の方は「担当の者は席を外しているので、お伝えしておきます」というお返事。

そこでダメ元で、担当者のお名前と所属部署を伺うと、なんと丁寧に教えてくださったのです。突然電話をして、まさか担当者の連絡先を教えてもらえるとは思わなかったので驚きました。

次の日、担当の方にお電話をし、事情を説明したところ「ではメールで、企画書とご自身で作られた本のデータを送っていただけますか」と言っていただけました。

そこからは、すべてがトントン拍子に進みました。

企画書と本を読んで、興味を持ってくださった担当者から「次はいつ日本にいらっしゃいますか？」とご連絡があったので、毎年夏に日本で開催しているお料理教室へご招待することに。

実際に参加いただいたところ、私の世界観を感じ、とても感動してくださったようで、すぐ企画会議にかけてくださり、約半年後「出版が決まりました！」とご連絡をいただきました。

それからは、料理教室を始めて5年間で作成したレシピから50品を選び、日本に帰国し10日間かけて撮影。そしてついに、２０１５年の私の誕生日でもある12月7日、念願だったレシピ本が講談社より発売されました。

こうして、最初は難しいと思っていた夢が叶ったのです。でももし、チャンスが来るのをただ待っているだけだったら、レシピ本の出版は実現しなかったでしょう。

アプリを使って、自分で本を作ったこと。
知り合いのライターに相談したこと。
出版社に電話をかけたこと。
自分で作った本と企画書を、編集者に送ったこと。
料理教室に編集者をご招待したこと。

そういった小さな行動が実を結んだのです。

これは、すべての物事において、同じことが言えるのではないでしょうか。

たとえば、あなたが愛する人のために豪華なコース料理を作りたいと考えているとします。でもまだ料理に関して初心者で、スキルがなかったり、コース料理の作り方を知らない場合、それを叶えるのは難しいと思うでしょう。

しかし料理教室に通って基本を学んだり、「今日は前菜のサラダを作ってみよう」「明日はスープの作り方をマスターしよう」と日々小さいステップを積み上げていったら、確実に料理の腕も上がり、夢の実現に近づくことができるのです。

繰り返しになりますが、もしあなたが「これがしたい！」という明確な夢があるのなら、自分からチャンスをつかみにいってください。

小さなことでいいので、動いてみてください。
そうすれば、想像していたよりずっと簡単に叶うことでしょう。
最初は難しいと思っていた夢だとしても！

## ママがハッピーじゃないと、家族もハッピーじゃない

私の生徒様には子育て中のママも多いので、育児に関するご相談をよくいただきます。このコラムでは、ニューヨーク流「ママが一人の女性として輝く方法」についてご紹介いたします。

妻であり母である女性は、家族をあたたかく照らす太陽のような存在。その女性が幸せでなければ、家族も幸せでなくなってしまうと私は考えています。

だから私たち女性は、まずは自分自身を満たすことが大切です。

そのために、2つご提案があります。

ひとつめは、時には育児から離れて、自分のために時間を持つこと。

アメリカでは、子どもをベビーシッターや保育園に預けて仕事をするワーキングマザーが一般的です。そんな国に住んでいるので、私は金融時代から他のアメリカ人のママと同様、子どもを預けて仕事を続けていました。料理家に転身してからも、預ける時間は短くなったものの、引き続きうまく利用しながら働いてきました。

今振り返ると、そうやって育児サービスを利用して、自分のために時間を作って本当によかったと実感しています。もしずっと赤ちゃんと2人だけの世界になっていたら、ノイローゼになっていたかもしれないと思うからです。

もちろん息子を心から愛しているので、できるだけ一緒にいたいという気持ちもあります。

でも一方で、私は社会人としての顔も持っていたい。一人の女性として輝いていたいのです。それに、一番身近にいる母親が毎日イキイキしている姿を見せることで、「大人になるって楽しそうだな」と感じてもらうことは、子どもにとってもいい影響になると思うのです。

実際に息子は、私が楽しそうにお料理教室の先生をしたり、テレビに出演をしているのを見て喜んでくれます。

やはり子どもは、輝いているママを自慢したいんだと思います。

専業主婦のママも同様です。特に日本人の女性は、責任感が強く頑張り屋さんが多いので、育児に関しても「私がやらねば！」と一人で抱え込んでしまいがちです。

でも、1時間でも2時間でもいいので、時には子どもを預けて、自分をケアするための時間、自分を高めるための時間をぜひ持っていただきたいと思います。

あなたが幸せになることが、めぐりめぐって家族の幸せにつながるのですから。


ふたつめは、夫婦2人だけの時間を定期的に持つことです。

私が友人から言われて嬉しかったのは「ひでこさんの旦那さんは、ひでこさんの一番の応援団長ね！」という言葉。

その通り、私が今こうやって仕事を続けられているのは、夫の理解や協力があるおかげなのです。実はこの本を作っている時も、夫は一緒に本の内容を考えてくれたり、相談にのってくれて。いつもサポートしてくれる夫には、本当に感謝しています。

家族の最小単位は夫婦。それが崩れたら、家族という組織は崩壊してしまいます。

ですから、私たち夫婦は２人だけで過ごす時間を定期的に作っています。時には信頼できるベビーシッターに息子を預けて、外食に出かけたり映画を観に行ったり。過去には、両親に息子を預けて夫婦２人でパリやイタリアへ旅行したことも。

夫婦の関わりは、子育てのステージによっても変わってくると思います。

我が家の場合は、息子が小さかった頃は、どうしても自分の時間が少なくなりがちだったので、気分転換をするために週に１～２回は夫と外食に出かけました。

でも今や息子も13歳になり、学校やサークル活動で忙しく、以前より夫婦だけで過ごす時間が増えました。私が頻繁に料理することもあり、最近では2人で外出するのは月に1～2回程度に。このように、その都度ベストな方法を夫婦で見つけていくのがいいのではないでしょうか。

また日本では、「子どもを預けて出かけるなんて！」と周りから非難されると聞きます。

でも、それで夫婦関係が良好になれば、家族の絆がより強く結ばれます。子どもにとってもパパとママが仲良しなのは嬉しいことですから、子育てにもいい影響があるのではないかと思います。

さらに、夫婦でリフレッシュして帰ってきたら、子どもにもより優しい気持ちで接することができるし、仕事もより頑張れると思うのです。

今はいろんなサービスがあって、仕事も家庭も両立できる時代です。

上手に利用して、ハッピーなママが増えたらいいなと願っています。

第3章

# 「好き」を極めるとビジネスになる

～世界一幸せなワークスタイルを見つけよう～

# 「好き」を仕事にすると、なぜ上手くいくのか

私はこのニューヨークという街で約30年暮らし、芸能人やセレブリティ、カリスマシェフや一流のデザイナー、アーティストなど、さまざまな分野で活躍する人たちに出会ってきました。さらに金融会社UBSのニューヨーク支店で10年以上勤務していた時は、米国株を扱っていたこともあり、誰もが知る世界的企業のトップとお仕事をする機会もありました。

各界のトップランナーである彼らの「人を惹きつける力」は凄まじいもの。そういった方々とお付き合いする中で、考え方や立ち振る舞いなどを直接学べたことは、起業して自分でビジネスをしている今、とても役立っています。

また、彼らにお会いするたびに、私の頭にはこんな疑問が浮かびました。

「どうやって彼らは、この競争の激しい街で成功を手に入れたのだろうか？」

「彼らに共通点があるとしたら、それは一体何なのだろうか？」

才能があったから？　人脈があったから？　運が良かったから？　容姿が優れていたから？……私なりに考えた結果、ある答えが導き出されました。

実は、**成功している人の多くは「愛することを仕事にしている」のです。**

でも、なぜ好きなことを仕事にすると上手くいくのでしょうか？

## 24時間アイディアが次々とひらめく

私は朝起きた瞬間に、料理教室のアイディアがパッと降りてくることがよくあります。最近まで、「なんでこんなことがよく起きるのだろう」と不思議だったのですが、先日ある結論に至りました。

私は朝から晩まで、

「どうやったらもっと美味しい料理ができるだろう？」

「次回はどんなテーブルコーディネートにしようかな？」

「生徒様に喜んでいただくために、何をしよう？」

など、お料理教室のことばかり考えています。


人間の脳は、寝ている間も動いているので、もしかしたら起きている間だけでなく寝ている間も無意識に考えていて、起きた瞬間など何かがきっかけでアイディアがひらめくのかもしれません。


これは朝起きた時に限らず、あらゆるシーンで起こります。

散歩をしている時、シャワーを浴びている時、ジムで運動をしている時、友達と話している時……。

料理とは全く関係のない場所でも、よく起こるのです。

この現象は私だけではありませんでした。

ある知り合いのライターさんも、「どうやったら、もっと伝わる文章が書けるだろう」「次はどんなネタを書こうか」と常に考えていて、私と同じように、突然アイディアを思いつくのだとか。

夜ベッドに入った瞬間アイディアがどんどん溢れ出てくるので、忘れないようにノートに書き留めていたら頭が冴えてしまい、眠れなくなることもよくあるのだそう。

みなさんもそうだと思うのですが、好きなことは、朝から晩まで考えることができますよね。それも、苦もなく自然に。

だから、好きなことを仕事にすると、そうじゃない人に比べて、より多くのアイディアがひらめくのだと思います。

# 努力が努力じゃなくなる

「こんな料理はじめて！　ひでこさんは、どうしてこんなにクリエイティブなレシピを次々に思いつくのですか？」

ありがたいことに、生徒様からこのような質問をいただくことがあります。

ここでは、私が普段どんな風にレシピを考えているかご紹介しましょう。

例えば去年のハロウィンのレシピは、このように作っていきました。

まずはイメージをするところから。

ハロウィンといえば……カボチャ！　でもただのカボチャのケーキだと、あまりにも普通です。

そこで「どうやったら、もっとハロウィンっぽいデザートになるだろう」とテストを重ねた結果、ケーキのトップにチョコレートで蜘蛛の巣のような模様を描いたら、生徒様に大好評でした！

カクテルのレシピを作る過程も同様です。ハロウィンといえば……色はオレンジ！じゃあカクテルはオレンジリキュールにしよう。それから、オレンジと合うのはチョコレートだから、オレオクッキーを砕いたものをグラスに散らしてみようと試作してみます。でも作ってみたら見た目がキレイではなかったので、どうやったらもっとオシャレなカクテルになるだろう、といろいろ試していきました。

最終的にはオレオクッキーをココアに変更してグラスに散らしたところ、見た目も味もパーフェクトな一品に！

このように、頭の中でイメージを広げて、実際に手を動かし、試行錯誤しながら作っていきます。時には何度も何度も試作を繰り返して、1つのメニューを考えます。

そう言うと、ものすごく努力しているように思われるかもしれませんが、私にとって料理は心からやりたいこと。「もっと美味しいレシピを作りたい！」「お客様に喜んでもらいたい！」という情熱があるので、努力しているという感覚はありません。

まるで子どもが夢中になって工作をしているような感じ。

そう、**遊んでいるような感覚**なのです。


誰でも、そんな感覚になれるものがあると思います。


たとえば、ファッションに興味を持っていたら、いろんな雑誌を読むことも、コーディネートを考えることも苦ではないでしょう。

メイクが好きだったら、「どうやったらより綺麗にお化粧できるようになるだろう」と研究することだって楽しいでしょう。

アロマが好きであれば、もっと学びたいと自らお金を払って資格取得の勉強をする人もいるでしょう。


あなたにとって、そんな風に感じるのは、どんな時でしょうか？

好きなことを仕事にすると「もっとこうした方がいいかな？」とブラッシュアップを楽しみながら、より良いモノ・サービスを作ることができます。

そして、それを続けていくと、どんどんユニークかつクリエイティブになって、オンリーワンのブランドになれるのです。


第4章で詳しくご説明しますが、他の人と同じようなことをやっていては、ビジネスは成功しません。これまでにまだ誰もやっていないような、新しい価値を生み出すからこそ成功するのです。

私の周りを見ても、ニューヨークではそういう人がよりうまくいっています。

## 「好き」のエネルギーは周りを魅了する

私が料理家に転身して特に感じているのが、人生の満足感です。

好きなことをしてお金をいただけていることに、日々幸せをかみしめています。

もちろん金融時代も、目標を達成したり評価されることへのやりがいを感じることはありました。でも、やはり好きなことではなかったので、心の底から「生きている！」という、湧き上がってくるような、全身が震えるような感動はありませんでした。人生の満足度という意味では、今とはまったく違うのです。

また、好きなことをしているという幸福感は、周りにも伝わるから不思議です。初めてニューヨークを訪れた時、私は「僕はこれが好きなんだ」「私は今これに夢中なの」とアツく語るニューヨーカーたちに出会い、圧倒されました。

彼らの話には情熱と説得力があったし、好きなことを話しているその姿は輝いていて……。彼らが目をキラキラさせながら話している姿、好きなことに一生懸命打ち込む姿を見ていると、なんだか私まで嬉しくなって、その輝きの中に引き込まれていったのです。

このように、好きなことをやっていると、その本人だけでなく周りも魅了されていく――「好き」には、そんな不思議なパワーがあるのです。

## 海を越える仕事も生まれる

「誰がなんと言おうと、私はこれが好き！」と発信している人の周りには、「それ、いいね！」と価値観に共感してくれる人が集まります。

そうすると、仕事が生まれていくのです。


以前こんなことがありました。

私の元でニューヨーク流のおもてなしを学んだ生徒様が日本に戻られた後、デパートの髙島屋でテーブルコーディネートの仕事をしたそうです。その際、担当者様がそのテイストを気に入ってくださったので、生徒様は私のことを話してくださりました。

それがきっかけで、髙島屋の方でも私に興味を持ってくださり、その1年後、大きなキッチンスタジオを持つ玉川髙島屋にて、おもてなし料理のデモンストレーションと、私のテーブルトップの販売をさせていただけることになったのです。

神奈川県に生まれ、小さい頃から横浜の髙島屋で育ってきた私にとって、そこは憧れのデパート。以前ニューヨークに「Takashimaya New York」があった時は、地下にあったモダンなティー・レストランにもよく行っていましたし、その美術館のような美しい内装や、選び抜かれた一流の商品を見るだけでいつも心が躍りました。「デパートで一つ選べと言われたら髙島屋！」というほど大好きなデパートだったので、このコラボレーションは私にとって、とても喜ばしいことでした。

このように、私からはじまった「ニューヨーク流のおもてなし」への情熱は、最初は生徒様が受け取り、その後髙島屋の担当者様にまで伝わっていき、仕事になっていきました。日本とニューヨークという物理的な距離があるにも関わらず、です。

**「好きというパワー」が強ければ強いほど伝染していく。**

好きを極めると、それに共鳴した人が集まりビジネスになるのです。

# あなたにとって、究極の幸せって何ですか？

好きなことをして生きていくことに魅力を感じていたとしても、「実は、好きなことがわからないんです……」とおっしゃる方は少なくありません。実際に、私の講座に通われている生徒様からも、同じご相談をよくいただきます。

そんな方には、好きなことを見つける前に、考えていただきたいことがあります。それは「あなたにとって、どういう状態が幸せなのか」ということです。

そもそも、自分は何をしたらハッピーでいられるか知らないから、やりたいことがわからないのだと思います。**心の底からやりたいことや好きなことは、自分の幸せが**

**わからないと湧き上がってこないのです。**

さらに、そのような状態だと、他人の幸せの基準に合わせて生きてしまい、本来の自分の幸せとはまったく別の方向に努力しているかもしれません。

または、すでにそのレベルに達しているのに、「私はまだ幸せじゃない」と思い込んで、気づかずに通り過ぎてしまっている可能性だってあります。

そうなると、いつまでたっても幸せにはなれませんよね？

でも、自分のハッピーを知っていたら、まだ最終ゴールに到着していなくても、そのゴールに少しずつ近づいているということはわかる。

「これでいいんだ」という自信になるし、その道のりの中でのさまざまな経験が、血となり肉となって、あなたを成長させてくれます。

私にとって究極の幸せは、まずは家族が笑顔でいること。夫や息子が毎日楽しそうにしているのを見ると、私まであたたかい気持ちになります。

そして、美味しいものを食べること。

子どもの時から食への興味は強く、よく「ひでこは食べている時が一番幸せそうだね」と言われていましたが、それは今でも健在です。お料理教室で味見をする際も、生徒様の前で「あぁ〜！　美味しい!!」とついつい言ってしまうのですが、それは演出でもなく、本音です。だって本当に美味しくて幸せなんです。

さらに、私は人に喜んでもらえることに極上の幸せを感じます。お料理教室で生徒様の嬉しそうな顔を見ると、私まで感激してしまうのです。

今のライフスタイルは、私にとって幸せを感じる要素にあふれているもの。

家族との時間を大切にしながら、大好きな料理が仕事になり、お客様に喜んでいただけている。だから、毎日が楽しいのです。

幸せは自分で決めること。誰にも決められませんし、他人の幸せの基準に合わせていたら、ハッピーになんてなれません。この機会に、自分と向き合って考えてみましょう。

あなたにとって、究極の幸せとはどんな状態ですか？

## 「好き」がわかる5つのワーク

ここで、「好きなこと」を知るための5つのワークをご紹介しましょう。

でもその前に、1点お伝えしたいことがあります。

それは「すぐに答えが出なくても心配しないでほしい」ということです。

この5つのワークは、あなたの人生の価値観を知るための質問でもあります。ですので、普段からそのようなことをあまり考えていないと、答えるのはなかなか難しいですし、苦しくなってしまう人もいるかもしれません。

でも、すぐに答えを出すことは重要ではありません。自分に問いかけ、考えること自体に意味があるのです。

あるコーチングの先生によると、脳は質問をされると、すぐに答えが出なくてもずっと考えていて、別の行動をしている時に答えを出すのだそうです（先ほどご紹介した、お料理教室のアイディアが突然ひらめくというお話と似ていますね）。

そして日を追うごとに、脳は質問慣れしていくので、数ヶ月後にもう一度やったら答えが出るようになるといいます。

実際に私の講座に参加した生徒様たちも、「最初は難しかったけれど、徐々に答えられるようになった」とおっしゃっていました。

ですから、ぜひ美味しいお茶やお菓子、そしてお気に入りのノートとペンを用意して、リラックスしながら始めていきましょうね。（P229に書き込みスペースがあります）

## ワーク1 お金をもらえなくても、やりたいことは何ですか？

さて、あなたは何と答えるでしょう。

5つのワークはどれもすべて重要ですが、これがもっとも重要です。なぜなら、お金のことを第一に考えてしまうと、仕事への情熱がなくなってしまうから。情熱がないと、愛するブランドを作っていけないからです。

まず一番に情熱があった上で、じゃあそれをビジネスにするためには、どうすればいいかを考える。その順番を間違えてはいけません。

もちろんお金も大切です。生きていくためには、当たり前ですがお金は絶対必要ですし、お金があるからこそ、私たちは自由に未来を選べるのです（5章では、どうやったら好きなことで豊かになれるか、詳しく書かせていただきました）。

でも私は「好きなことより、お金を稼ぐことの方が大切だ」とは思いません。

私は30代で離婚を経験し、その後ニューヨークで一人で生きていくために稼ぐことを第一に考え、再び金融の仕事を選びました。ところが、9・11のテロやリーマンショックを経験し、考え方が大きく変わったのです。

第1章でもお話しましたが、金融業界では「短期間で富を築いて、残りの人生は本当に好きなことをしよう！　だから今は辛くても我慢して、仕事を頑張ろう」と必死で働いている人がたくさんいます。

にもかかわらず、9・11のテロで突然命を奪われた人や、リーマンショックで人生が狂ってしまった人がたくさんいた。そんな人たちを見る中で、「お金は幸せの絶対条件じゃない」ということを思い知らされたのです。

ですから、私がビジネスを始めようと決意した時は、最初から儲けることを考えず、まずは情熱を傾けられる好きなことを考えました。儲けることを一番最初に考えると、また金融を選んでしまうからです。

いつ自分の人生が終わっても悔いのないよう、日々満足しながら幸せを感じられる仕事ってなんだろうと自分に問いかけたのです。

「お金を稼がなくてもいいとしたら、あなたは何をやりたいですか?」

「それは今やりたいビジネスと一緒ですか?」

そこが違う場合は、ちょっと立ち止まって考えてみましょう。

なかなか答えられない人は、「もし10億円の宝くじが当たったら……」「大きな油田を掘り当てて、もう一生安泰ぐらいの大金が得られたら……」など、お金の制約がなかったとしたら、自分は何をやりたいかをワクワクしながら考えてみましょう。

## ワーク2　もし時間ができたら、何をしたいですか？

「もし1日、時間ができたら何をしますか？」
「もし1週間、1ヶ月、1年……と時間ができたら何をしますか？」

何がやりたいかわからないという人も、時間ができた時には、心の奥底にある本当の欲求が出てくるものです。

人は「あの仕事をしなくちゃ」「家の掃除をしなくちゃ」「ごはんの支度をしなくちゃ」「子どもを迎えに行かなくちゃ」……と目の前のやらなければいけないことに追われ、

1日、1週間、1年があっという間に過ぎていきます。

本当はもっと目を向けなければならない大切なことがあるのに、本質的ではないことに振り回され、無意識に枠にとらわれてしまうのです。

でもその時間の制限をはずすと、自分の本当のピュアな気持ちが出てきます。

「もし時間があったら、絵の勉強をしたいな」
「もし時間があったら、ダンスを極めたいな」
「もし時間があったら、英語を学んで、海外に住んでみたいな」

こういった心の声から、サクセスにつながる赤い糸が出てくるのです。

ワーク3

## 今やっている仕事で、何が一番好きですか？

今やっている仕事の中で何が一番好きか、どういう仕事をしている時に幸せを感じるかを理解しておくことは大切です。

それが自分でビジネスをする時に、活きてくるからです。

現在主婦の方でしたら、過去の仕事や主婦業の経験から考えていきましょう。

ある専業主婦の生徒様は、以前航空会社でお勤めされていて、お客様にリラックスしていただけるようサービスするのが好きだったとおっしゃっていました。

そういう方は、接客に関わるお仕事、人を癒すお仕事が向いているでしょう。

## ワーク4 今やっている仕事で、何が一番嫌いですか？

好きなことを意識するのはもちろん重要ですが、嫌いなことを知ることも同じくらい大切です。

私の場合、前職では、何時から何時まで出勤しなければならないなどの時間の制限、情熱を感じられないことに対して目標達成しなければならないなど、自分の裁量で決められないことが不満でした。

だからこそ今、私は自由に選択できるワークスタイルを選んでいるのです。

ある専業主婦の生徒様は、平坦な毎日に不満を感じていました。

そういった方は、育児や家事などに追われている日常を離れて、一人の女性として楽しむためのアイディアが次々と浮かびそうですよね。

それでは、最後のワークです。

ワーク５

## あなたの好きなことＴＯＰ５は何ですか？

「あれもこれも好きだし、何が本当にやりたいことなのかわからない！」と迷われる方って、実は多いものです。

生徒様の中にも「料理も好きだけど、他にもいろいろ興味があることがあって、何をしていいかわからないんです」とおっしゃる方がいらっしゃいます。

そんな方には「好きなことＴＯＰ５をノートに書き出しましょう」とアドバイスしています。すると少し頭が整理されるでしょう。その中からまずは１つを選んでもいいし、いくつか掛け合わせしてやってみてもいいかもしれません。

どうでしょう。ぼんやりとでも「好きなこと」が見えてきましたか？

# 「やりたいこと」がわからないのは、感覚が麻痺してるだけ

ニューヨークに長年住み、さまざまな国の方と出会う中で、日本人はやりたいことや自分の好きなことがわからない人が比較的多いように思います。

それは、なぜなのでしょうか？　もしかしたら、日本には調和の文化があるため、「周りからはみ出てはいけない」「こうあらねばならない」と自ら枠を作ってしまっているから、かもしれません。

実は以前の私もそうでした。10歳で母を亡くし、長女だったということもあり、常に「私がしっかりしなければ！」という意識が強かったように思います。

そのため「親に迷惑をかけたくない」「周りの期待に添いたい」と、他人の影響で自分の人生を決めていたところもありました。

だから、語学留学でニューヨークに初めて来た時、友人たちから「ひでこは何がやりたいの？」「ひでこは何が好きなの？」と聞かれても答えられませんでした。

なので「やりたいこと・好きなことがわからない」という方の気持ちも理解できます。

でも、**やりたいこと・好きなことがない人間なんていません。**

それはきっと、ただ感覚が麻痺しているだけ。

親や周りから言われたことに従って生きてきたり、自分から何かをしようとした時に反対されたりして、今まで感覚を押さえつけられてきたから、わからないだけなのです。

## 自分に正直に、楽しそうに生きている人と出会う

私の生徒様の中には、「ニューヨークに来て生き方が変わりました！」とおっしゃる方がたくさんいらっしゃいます。

それは、この街には大人も子どものように人生を楽しんでいる人が多いからかもしれません。

たとえばハロウィンでは、おじいちゃんやおばあちゃんまで派手派手のコスチュームを着て参加したりします。中には、子どもと一緒にトリックｏｒトリート用のキャンディに必死になっている人も。

またミュージカルの劇場がひしめくブロードウェイから徒歩5分ほどのところにある、ブライアントパークという公園では、夏の間は卓球や輪投げ、大きなジェンガなど無料でさまざまなアクティビティが楽しめます。

そう聞くと、たいていの人は子どもが遊ぶ姿を想像すると思うのですが、実際は子どもより大人の方が盛り上がっていたり。日本ではあまり見かけない光景ですよね。

**人の目を気にせずに、自分に素直に好きなものは「好き」と言い、やりたいことをやって生きている。**そんなニューヨーカー達をみて、生徒様は「あんなに風に生きていいんだと気づきました」とよくおっしゃります。

このように、「これでいいんだ！」と気づかせてくれる、自由に生きている人や環境に出会うと、少しずつ枠から出ることができ、眠っていた感覚が解放されていくのだと思います。

あなたの周りに、楽しそうに生きている人、好きなことを極めている人、自分の固定概念を外してくれそうな人はいますか？

もし周りにいなければ、インターネットで検索したり、そういう生き方をしている人のブログや本を読んでみてもいいでしょう。セミナーやイベントなどをやっていたら、積極的に参加してみるのもいいでしょう。

まずはそういう人達の情報収集をして、近づけるものなら近づく。

すると、これまで抑えられていた感覚が解放され、やがて「やりたいこと・好きなこと」の芽が開花していくと思いますよ。

## 小さい「好き」からパッションを育てる

もう一つ皆さんにご提案したいのは、「好き」とか「いいな」などちょっとでも感性が動いたら、その気持ちを大切にすることです。

例えば、雑誌をパラパラめくって、そこで「素敵！」と思ったら付箋をつける。

映画をただ見るだけじゃなくて、「あっ、あのドレス可愛い！」「あのインテリア、カッコイイな」と少しでも心動かされるポイントがあったら、注目して観てみる。

それだったら、すぐにできますよね？

そうやってインスピレーションのカケラを集めていくと、その新しい刺激と自分の中にあるものがブレンドされて、「好き」ができあがっていくのです。

さらにやっていただきたいのが、なぜ心が動かされるのかを分析してみること。「なんでこれがいいと思ったのだろう？」「なんでこの色が好きなんだろう？」

そんなふうに分析すると、「自分」というものがよりわかっていきます。

**まずは身近にある好きな世界にひたってみる。そして、分析してみる。**

そうして、自分の小さい「好き」を育ててみてください。

好きなことには驚くべきパワーがあるので、そこにパッションを込めていけば、どんどん火は上がっていきます。すごく小さなことからでいい。

まずはマッチをピッと擦るところから、はじめてみませんか？

# 「嫌なこと」はやらない方がいい

「好きなことを仕事にしたいのですが、でも〇〇は、したくないんです」
そんな相談をいただくことがあります。

残念ながら、どんなに好きなことの中にも嫌なことはあります。
それは仕事に関わらず、あらゆることで言えます。

たとえば、どんなに好きな恋人でも嫌なところはありますよね？
自分が完璧でないように、欠点がない人なんていないのです。

また私はニューヨークが大好きで長年住んでいますが、嫌なところもたくさんあります。電車は時間通りに来ないし、安全性という意味でも、昔に比べたらだいぶ改善されたとはいえ、つねにテロの危険性だってあるのです。

でもそれを上回るぐらい好きなところがある。

嫌いなことも含めて愛しているから、約30年も暮らしているのです。

このように何事も良い所だけなんて、ありえない。嫌なところは絶対ある。だったら、どうやったらあなたが心地よくいられるかを考えてみましょう。

特に自分でビジネスをはじめる場合は、何もない0の状態からスタートするので、もちろんやりがいはありますが、乗り越えなければならない「嫌なこと」も出てくるものです。**でも私は、嫌なことはできるだけやらない方がいいし、その分好きなことに集中した方がいいと思っています。**

というのも、そもそも嫌なことは続けることが大変ですし、「好き」という力にフォーカスする方が強力なパワーになるとわかっているから。

なので私は、「まず嫌なことを明確にして、それをいかにカットするかを考えてみましょう」とアドバイスをしています。

お皿洗いが嫌いだったら、大きな食洗機がついているキッチンスタジオでお料理教室をする。掃除をするのが嫌だったら、クリーニングサービスを使ってみる。

集客が嫌いだったら、集客が得意な人にお願いして、売上の一部をお支払いするのも一つの手でしょう。

このように嫌なことがわかっていれば、それを解決する方法を考えればいい。

そうしたらハードルもぐっと低くなって、ワクワクした楽しい気持ちで挑戦できるのではないでしょうか？

## 主婦だって会社員だって「好き」を仕事にできる！

「先日プロデュースしたブランドが発売されました！　ひでこ先生に出会い、今やりたいことを仕事にできていることに感謝しています」

私の認定校に通い、２年前に日本に帰国した生徒様から、去年こんな嬉しいご報告をいただきました。

彼女はもともと旦那様のお仕事でニューヨークにいらして、当時は専業主婦でした。初めての海外生活でしたし、お子様もまだ小さかったので育児も大変で、ストレスで体調を崩してしまったそうです。

けれどもそれをバネに、体にいい食事をとろうと完全菜食料理のビーガンに注目し、アメリカの栄養コンサルタントの資格を取り、現地のビーガン料理クラスにも通いました。すると心も体も回復していき、菜食の素晴らしさに気づきました。そこで芽生えたのが、日本に帰国したらビーガンの魅力をもっと伝えていきたいという想い。

しかし当時は、日本で菜食料理というと、精進料理のような茶色いお料理ばかり。でも食事制限があるからこそ、もっと楽しく毎日の生活に取り入れる方法を提案したいと、私の認定講座を受講してくださったのです。

その後、日本に帰って彼女が感じたのが、日本ではスーパーフードが手に入りにくいということでした。

スーパーフードとは、ココナッツオイルやチアシード、マカなど栄養価の高い食材の総称で、日本ではニューヨークほど一般的ではなく、手軽に購入できないことを知ったのです。

一部の自然食品店で売られていていても、大きな袋単位。それなりにお値段もしますし、その魅力を詳しく理解していない人はなかなか手を出せません。

そこで、思い切って企業にアプローチし「SUPERFOOD TO GO」という商品をプロデュースしたのです。

「スーパーフードを日常的により楽しんで使ってほしい」「外出先、職場にパッと持っていって気軽に使ってほしい」。そんな想いから、スパイスの瓶ほどの小さなサイズで販売したのです。

場所を問わず、いろんなお料理、スイーツ、ドリンクにふりかけるだけという手軽さや、かわいいパッケージが好評で、今、さまざまな雑誌でも注目されています。

彼女は言います。

「思いきって行動する勇気を、ひでこ先生の背中を見て学びました。おかげで私の人生は大きく変わりました」と。

このように、もともと専業主婦でも、好きなことを仕事にできるのです。

また会社員の方に「好きなことを仕事にしましょう」と言うと、「会社を辞めて起業しないとできないのでは!?」と思われる方もいらっしゃいます。

でも、会社員をしながらだって、可能性は無限大です！

以前私のクラスに参加してくださったある生徒様は、通信事業会社で働いていましたが、「いつか料理の道に行きたい」と思い、仕事をしながら夜間の料理学校に通っていたそうです。

だからといって、彼女は起業したいわけではありませんでした。

会社員として働きながら、情熱を傾けられることをしたかったのです。

そこで、「今ある環境の中で、少しでも自分が行きたい方向に行くためにはどうしたらいいだろう」と考え、勇気を出して上司にその想いを伝えました。

するとその数ヶ月後、なんと料理に関わる部署へ異動になったのです！

最近はスマホやタブレットでレシピを見ながらキッチンに立たれる方も多く、その関連部署に異動されたのです。そして現在は赴任経験を活かし、ニューヨークとフードに関連する部署で充実した日々を過ごされています。

この本の担当編集者さんも、まさにそう。彼女は子どもの頃から本を読むのが好きだったそうです。だから今、大好きな本を作ることが仕事になって、とても幸せだと聞きました。楽しそうに働く彼女を見て、旦那様から「まるで毎日会社に遊びに行ってるみたい」なんて言われる、とも。とっても素敵ですよね。

起業することだけが、好きなことを仕事にする唯一の選択肢ではないのです。

今の仕事が好きでなかったら、部署を異動したり、他の会社に転職だってできるのですから。

主婦でも会社員でも、必要なのは小さな勇気と行動。それだけです。

第4章

# あなたのライフスタイルを最強ブランドへ

〜ナンバーワンよりオンリーワンを目指そう〜

## 人と違う、それだけでスペシャルになれる

ここからは、いよいよあなた自身をセルフプロデュースし、自分ブランドを確立していく方法をレクチャーしていきたいと思います。

はじめに、自分自身をブランド化する意味について、考えてみましょう。

みなさんは、ニューヨークのシンボルの一つである黄色いタクシー「イエローキャブ」をご存知ですか？　街中に、この黄色いタクシーがたくさん走っているのですが、どれも見た目は一緒。だからお客様は、「どれを選んでも同じだ」と思ってしまいます。まさに、多くのビジネスがこんな状態だと思うのです。

でも、もし一つだけ真っ赤なタクシーが走っていたらどうでしょう？　もしくは、

映画「バック・トゥ・ザ・フューチャー」に出てくるような、近未来的なタクシーが目の前を横切ったら？　きっと振り向く人、一度乗ってみたいと思う人が現れるのではないでしょうか。

そこがポイント。そう「他の人と違う」、それだけでスペシャルになれるのです。

## ナンバーワンより、オンリーワンを目指そう！

ブランド作りをする上でいいお手本となるのが、ニューヨーク発のトレンドフード「レインボーベーグル」です。ベーグルといえば茶色を想像すると思うのですが、このベーグルは名前の通りカラフルなレインボーカラー！　キュートでインパクトのある見た目が話題となり、ニューヨークだけでなく、世界中からこのベーグルを求めて観光客が押し寄せています。

生みの親であるスコットさんが、この商品を思いついたのは約20年前。はじめは、「レインボーカラーを見れば、みんな幸せな気持ちになるだろう」とセラピーのような感覚で作り始めました。

でも20年も前に生まれた商品が、なぜ近年大ヒットしているのでしょうか。

実は、２０１５年に全米で同性婚が認められたことで、その象徴であるレインボーカラーのベーグルとして注目されたのがきっかけでした。

そして、その人気を決定づけたのが、なんとソーシャルメディア！

今までにないカラフルな見た目が「写真を撮らずにいられない」と大ブレイク！特にInstagramで話題となり、世界中にクチコミで広がっていったのです。

このＳＮＳの影響で、普通のベーグルよりも高価格にもかかわらず、お店は常に行列！　週末には、このレインボーベーグルを購入するために2時間以上待つお客さんも。時には生産が追いつかず、ソールドアウトになることもあるそうです。

**周りと違うというだけで、目立つから覚えてもらえる。**

さらに、何かに驚いたり感動したりすると、人は誰かに伝えたくなる生き物なので、思わず写真に撮ってＳＮＳでシェアする人もいるでしょう。そうするとクチコミが起きるので、広告費をかけずに、たくさんのお客様に興味を持っていただけるのです。

そして周りと違うというだけで、選ばれる機会が増えます。ブランド力がアップするので、他社よりも高い値段でサービスを提供でき、高利益も実現できます。

競合他社と同じ土俵で戦うと、彼らのお客様を取ろうとするから、価格競争が起こります。でも、まったく違ったアプローチで、競合とは違う新しい市場を見つけたらどうでしょう？

誰とも戦わずに済むのです。

このように、星の数ほどある競合他社の中から選ばれ、高利益を実現するためには、差別化つまり異色を放つことが必要です。周りと同じことをして、その中でナンバーワンを目指すのではなく、誰もやっていないことでオンリーワンになるのです。

ベーグルのように、周りが茶色だったら、レインボーになりましょう。


イメージしてみてください。

たとえば、あなたが料理教室を開きたいと思ったら、まだ誰もやっていないことをしましょう。もしあなたの周りで、経営者の男性限定のお料理教室がないとしたら、チャンスです！　誰もやっていないというだけで話題になるからです。


さらに、こんな仕掛けをしたらどうでしょう？

たとえばドレスコードを赤にして、みんなで写真を撮ってSNSに投稿したら、より注目を集め覚えてもらえるのではないでしょうか。

それを見て「参加してみたい！」と思う人も出てくるかもしれません。


「競合に勝ってナンバーワンになれ！」と言われると、怯んでしまう女性は少なくありません。でも、**誰もやっていないことをすることによって、誰とも戦わなくて済**

むという発想は、争いを好まず協調を大切にする日本女性には特に向いているのではと思います。

今の世の中は、インターネットなどのテクノロジーの発達によって、個性が目立てば目立つほど良い時代になっているとも言えます。

さらにインターネットには国境がないので、面白いと思ってもらえれば、レインボーベーグルのように全世界に広がっていくのです。

そう、**今は一人一人がブランドになれる時代**。

あなただけのブランドを作り、「選ばれる私」になっていきましょう。

## 周りの目を気にしてしまうアナタへ

でも「人と違うことをしましょう、異色を放ちましょう」と私が提案すると、躊躇する方が少なくありません。

ある生徒様は「人と違うことをして目立つと、たたかれるんです」とおっしゃっていました。認定講座に通う生徒様の中には、日本人の駐在員の奥様も多くいらっしゃるのですが、狭い日本人コミュニティの中ではそういうこともあるそうです。

この方に限らず、「目立って嫌われたくない」と思う日本人は、比較的多いですよね。なぜ、日本人は周りの目を気にしてしまうのでしょうか。

これまでの歴史を振り返っても、日本人は同調圧力が強い民族。「～しなければならない」「～あらねばならない」という暗黙のルールがあり、それに従わないと白い目で見られたり、一人だけ違うことをしていると「あの人、大丈夫？」と思われてしまう。ゆえに、嫌われることを恐れて、人と同じことをしてしまうのでしょう。

でも、それではブランドを作ることはできません。

それに周りの目をいちいち気にしていたら、それだけで疲弊してしまい、本当に大事なことができなくなってしまいます。それは生産的じゃないし合理的じゃない。すごくもったいない考え方だと思います。

## 自分を持つと、何を言われても心の中まで浸透しない

一方、ニューヨーカーは誰がなんと言おうと、自分がやりたいことをやって自由に生きている人が多いように思います。

もちろんこの街にも、足を引っ張る人はいます。私が金融で働いていた時も、出世争いでわざと意地悪を言う人もいました。

でも余計なことを口出しする人、人の邪魔をする人、悪口を言う人は、そうすることで世の中に何かを生み出しているわけではありませんよね？

それに自分のやりたいことに集中していれば、雑音は気にならなくなるもの。「私はこれが好き！」「私はこれがしたい！」。そうやって自分というものを持っていると、何を言われても心の中まで浸透してこないと思います。

# 「私は私！」が世界でたった一つのブランドになる

人を惹きつけて、選ばれる私になるためには、強い光を放つ必要があります。
では、強い光を放つためには、何をすればいいのでしょうか？

それは、「誰に何と言われようと私はこう思う！」というゆるぎない信念や夢、自分が愛することを思いっきり出すこと。本当にいいと思ったことや感動したこと、自分のストーリーなど、私というものを前面に出すこと。

そうやって自分の色を出していくと、誰一人同じ経験をしている人はいないので、あなただけのオリジナルができ、強い光を放つことができるようになります。

## 全員に好かれる必要はない

私のお料理教室では、ニューヨークのパーティスタイルを提案しているので、レッスン中は私自身もドレスアップをします。マニキュアやアクセサリーもつけますし、エプロンはつけずにドレスを着ます。

それに対してはじめの頃は「料理教室なのに、マニキュアをとらないんですか？エプロンはしないんですか？」という反対意見もありました。

でも、これが私の表現したい世界観！

それを真摯に伝えていったら、誰も何も言わなくなりましたし、そんな私をいいと言ってくださる方ばかり集まるようになりました。

世の中には、いろんな価値観を持っている人がいるので、あなたの意見を「いいね！」と言ってくれる人もいますし、そうじゃない人もいる。

みんながみんな、共感してくれるわけではありません。
でも、それでいいのです。

なぜなら、自分の信念を本当に必要としている人、世界観に共感してくれる人たちは必ずいて、彼らが応援をしてくれたりクチコミをしてくれることで、結果的にあなたが来て欲しいと思う理想のお客様だけがやってくるから。
その方が、お客様との関係も強固になり、強いブランドができるのです。

そこで離れていく人も出てきますが、それは仕方がないこと。
ここで「嫌われたくない」と恐れて、いろんな人の意見に毎回合わせて流されてしまうと、いつまでたってもブランドはできません。

そもそも、お客様は誰でもいいというわけではありません。誰でもいいとなると、それこそ差別化なんてできません。競合との差が曖昧になり、ワン・オブ・ゼムになってしまう。次第に価格競争に巻き込まれてしまい、ビジネスとしてやっていけなくなるでしょう。だから、みんなに好かれる必要はないのです。

**人を惹きつける人は、自分の信じる道を持ち、突き進んでいる人。**

誰かに反対されようとも、何があっても、自信を持って「私は私！」という勇気を持つこと。それが、世界でたった一つのブランドになるのです。

## ファンを増やすコミュニケーション術

ずっと他人に合わせて、「～しければならない」「～であらねばならない」という暗黙のルールに則って生きてきたために、これまで自分の意見を主張すること、個性を出すことを、あまりしてこなかった人も多くいらっしゃいます。

そういう人は、いざ個性を発揮してくださいと言われても戸惑ってしまうかもしれません。だからビジネスをする時も、何の疑問もなく他人と同じようなことをやってしまい、価格競争に飲み込まれてしまうのです。

一方アメリカでは、小さい頃から自分の意見を持つことや、それを伝える力を鍛えられます。

子ども向けのスピーチコンテストもよく開催されますし、私の息子は小学校の頃からアフタースクールのプログラムで、演説の仕方やオーディエンスを説得させる話し方を学びました。なので、いざという時に自分の意見を自由に表現し、他者を説得できるのでしょう。

ビジネスは、「私はこれがしたいんです！　なぜなら……」と自分の想いを世の中に向かって発信すること。

そこでお客様が納得してくれるからこそ、ファンになってくれるのです。

だからといって、相手のことを考えず自分勝手に発言することは、イコールではありません。

ニューヨーカーだって、一人一人個性を持っているけれど、協調性がないわけでは決してありません。自分の主張はするけれど、ちゃんと相手のことも考えて主張する。相手に納得してもらえるように、共感してもらえるように伝えることが大事なのです。

日本でいいお手本だと思うのが、タレントのマツコ・デラックスさんです。強烈なキャラクターと、一度見たら忘れられない見た目のインパクトで最初にテレビで見た時は驚きましたが、彼女なりの強い世界観を持っています。

元々エッセイストとしてデビューされたということもあり、人とは違った視点で物事を見ているけれど、言っていることは的を射ているし、説得力がある。「あー、なるほどな」とついつい納得してしまう。

そして、時折際どい発言もあるけれど、人を嫌な気持ちにさせない気遣いもある。それは、マツコさんが相手のことを考えて、言葉を選んで発言しているからなのではないかと思います。

相手のことを思いやる心を持ちながらも、自分の意見を恐れずに伝える。一見両極端なこの二つをいきなり取り入れるのは難しいと思いますが、心がけ一つで少しづつ変わっていくはず。ぜひ皆さんも意識してみてくださいね。

## NYの女性の素敵な「自分軸」をお手本に

ある日、ブランディングセミナーを行った後、参加者の方から「先生のお話を聞いて、私は私でいいのだと勇気をもらいました」とメールをいただきました。

その方は、いつも周りの人と比べてしまい「なんて自分はダメなんだろう」と悩んでいたそうです。でも私の話を聞いて、周りがどうかではなく、自分が信じた道を突き進めばいいと気づいて勇気をもらったのだそうです。

私はニューヨークに来て、人生を楽しみ尽くしている人達にたくさん出会いました。なぜ彼らは、そんなに生き生き楽しそうなのか。それは**他人の基準ではなく、自分のハッピーを追求しているから**ではないかと思います。

以前、こんなことがありました。

現在の夫ジョナサンと結婚する際、元夫の母が結婚式に参加してくれました。そしてジョナサンに「大切なひでこを、どうぞよろしくお願いします」と言ってくれました。とても嬉しくて、そのときのことは今でも鮮明に覚えています。

今では、ジョナサンと元夫の母は大の仲良し。でもこれって、日本ではありえないことだと思うのです。

**ニューヨークの人は、自分にとって何が大切かわかっている。**

みんなそれぞれの価値観をしっかり持っているから、周りから何と言われようと、「私はこういうスタンスなんです」と自信を持って言えるし、置かれた立場や国籍、人種、年齢、性別を超えて行動できる。

ニューヨーカーが生き生きして見えるのは、こういった自分軸を持っているからなのではないかと思います。

ですからブランディング以前に、ちゃんと自分の軸を持つことが基本。そうすれば、周りを気にして悲しくなったり不安になることも少なくなるでしょう。

## キーワードは「真逆」をいくこと

ここまで読んでいただき、他の人と同じことをやっていては意味がない、差別化をし異色を放つことがいかに重要かご理解いただけたと思います。しかし、「いざ自分でビジネスをしようと思ったら、何から考えていいのかわからない」という方もいらっしゃるかもしれません。

そこでここからは、あなたのブランドを作るためのステップをご紹介いたします。

まずは、「業界に逆らいたいこと」に答えるところから始めていきましょう。

## 真逆をいくことで成功したラルフ・ローレン

業界の真逆をいくことで成功した人物といえば、ラルフ・ローレンでしょう。

彼が最初に手がけたのはネクタイの販売だったのですが、この事業が大当たり！

その理由、みなさんにはわかりますか？

実は当時のネクタイは、無地や地味な柄が多く、幅が細いものが主流でした。

ラルフは、このコンサバティブなネクタイをつまらないと感じ、「もっとファッショナブルなタイがあればいいのに！」と不満を持っていたのです。
そこで彼が新たに「ポロ」というブランドを立ち上げてプロデュースしたのが、カラフルで幅が太いネクタイ。

これまでの主流とはまったく逆をいくデザインだったので、なかには「なんだこの下品なデザインは！」と批判する声もあったといいます。
けれども、この今までにない斬新なデザインは、次第にファッションにこだわるハイエンド層に支持されるようになり、事業を始めてわずか2年で、ファッション界のアカデミー賞と言われるコティ賞を受賞！
最終的には、高級デパートの代表であるブルーミング・デールでの取り扱いも開始し、爆発的に売れていきました。

そう、まさに業界の真逆をいくことで、成功を勝ち取ったのです。

今までのマーケットの逆をいくだけで、それだけで「おっ！」と目に留まりますし、そういうものを求めている人は他にもいる。それはどんな世界でも。

「他とは違うけど、こういうアイディアもいいね」と評価してくれる人はいるのです。

あなたの業界で、競合他社がやっていることの「真逆」は何ですか？

## 女性の「不満」に応えたカップケーキ

「～だったらいいのに」「なんで～しないんだろう」

あなたはこんな風に、不満を感じたことはありませんか？

「不満」というとネガティブな言葉に聞こえるかもしれませんが、**実はこの不満こそ、ビジネスのヒントがたくさん詰まっている宝箱**なんです。

ニューヨークで人気のスイーツといえば……そう、カップケーキ！

人気ドラマ「セックス・アンド・ザ・シティ」で、主人公がほおばるシーンが放送されるやカップケーキブームが起こり、女性を虜にしているスイーツの一つです。

しかし、このカップケーキ。甘〜いクリームをたっぷり使用したスイーツなので女性としてはカロリーが気になるところ。そしてサイズが大きいので、全部食べきる前にお腹がいっぱいになってしまう人もいます。

そんな中、革命を起こしたのが「ベイクド・バイ・メリッサ」でした。

このお店のカップケーキは一口サイズ。だから女性もカロリーを気にしないで食べられますし、いろんな種類を少しずつ楽しめるのも嬉しいところ。まさに、女性の「あったらいいな」に応えたカップケーキ！　瞬く間に人気ブランドとなりました。

「〜だったらいいのに」「なんで〜しないんだろう」と不満があるということは、他の人もあなたと同じように感じている可能性が高いということ。

つまり、そこにビジネスの鍵が隠れているのです。

## 業界のタブーを打ち破ろう！

私のお料理教室には、「こんなお料理教室、初めて！」と驚く生徒様が多くいらっしゃいますが、それはビジネスの構想段階で「お料理教室の概念を覆すサロンを作ろう」と考えていたからです。

実はお料理教室を始める前、他のサロンはどんなことをやっているのだろうと思い、日本に一時帰国をした際にいろんな料理教室に参加しました。

イタリアンの有名なシェフが主催しているクラス、和食が有名な料理学校が主催するクラスなどいくつか受講したのですが……。ここだけの話、大変申し訳ないのですが、あまりにも面白くなくてあくびが出てしまいました。

そのクラスは、まるで学生時代の家庭科の授業のようでした。

私は子どもの頃から料理自体は好きだったのですが、家庭科の授業は好きにはなれませんでした。当時授業で習った料理で思い出されるのは……ゆで卵や粉ふき芋。料理の醍醐味であるクリエイティビティを感じられず、まったく楽しめませんでした。

「なんで私が大好きなことを、こんなにもつまらなくさせるんだろう。家庭科ってもっとエキサイティングなクラスにできるはずなのに！　もっと楽しいやり方がいっぱいあるはずなのに！」。いつもそう思っていました。

それと同じことを、そのお料理教室でも感じたのです。

また、家から布巾を持っていき、片付けまでやらなければならないことにも違和感を感じました。私は料理を学びに来たのであって、洗い物をしにきたわけではないからです。それに先生もすごくテクニカルなことは教えてくれるけれど、話が真面目過ぎて、生徒が誰一人笑わない静かなレッスン。あまりにも楽しくなくて、好きなことも嫌いになってしまいそうな勢いだったのです。

そこで私は、そのとき感じた不満を整理し自分なりに考えた結果、**「お料理教室の概念を覆そう」**と思い至りました。

私はニューヨークの華やかなパーティが好きですし、生徒様にも楽しんでもらいたい。シーンと静まり返った中、先生の説明をひたすら聞くようなお料理教室はしたくない。だから**音楽をガンガンかけて、私自身もドレスアップをして、エプロンはしない**と決めました。そう、業界のタブーを打ち破ったのです。

こうして、業界の不満や変えたいことを元に考えた結果、私のお料理教室はどんどん業界の真逆をいくことに。

すると来てくださったお生徒は新鮮に感じてくれたようで、「ひでこさんのお料理教室は、普通のお料理教室じゃない！」とクチコミで広がっていきました。

## ルーツ×需要がブランドになる

「これが私！」というものを見つけるためには、自分のルーツを知る必要があります。育ってきた環境や歴史が今の自分を作っていますし、ひとり一人、人生が違うので、その人にしか話せないエピソードが絶対ある。

ルーツを探っていったら、その人だけのオリジナルができるのです。

さらに、このルーツにお客様の需要を掛け合わせると強いブランドになると私は考えています。

みなさんは、ドミニク・アンセル・ベーカリーをご存知ですか？

日本でも表参道や銀座に店舗を出しているので、お店に行かれたことがある方もいらっしゃるかもしれませんね。

シェフでオーナーのドミニクは、33歳でわずか４人のスタッフとともに、ニューヨークのＳＯＨＯエリアに、夢だった自身のベーカリーショップをオープンしました。今までにない斬新でクリエイティブなデザートを次々と生み出し、一躍人気ベーカリーに！　今やニューヨークだけでなく日本やロンドンにも店舗展開しています。

もっとも有名なエピソードは、彼が「クロナッツ」を考案したことでしょう。ドミニクはフランス出身で、母国の老舗ベーカリー「フォション」で修行を積みました。その後単身ニューヨークへ渡り、ミシュラン３つ星のフレンチレストラン「ダニエル」を経て、自身のベーカリーショップをオープンさせます。

そして、クロワッサンとドーナツを組み合わせたハイブリットスイーツ「クロナッツ」を発明。

そのクロナッツが２０１３年5月にお披露目されると、またたく間に話題になり、朝から行列ができるお店に！　その年には、なんとＴＩＭＥ誌の「２０１３年の最も優れた発明品25」にクロナッツが選出されました。

なぜドミニクのクロナッツは、これほどまで多くのお客様に愛される商品になったのでしょうか。

ドミニクはフランス出身で、フランスのパンといえばクロワッサン。

そしてドーナツは、アメリカ人が大好きな代表的なスイーツの一つ。

彼は自分のルーツと、アメリカ人の需要をかけあわせて、新しいスイーツを作ったのです。フランスとニューヨークの一流店で修行を積み、どちらのカルチャーも理解している彼だからこそ発明できた商品だったのです。

ニューヨークには、他にもルーツと需要をかけあわせてヒットした商品がたくさんあります。

たとえば、レストランの「ノブ」。オーナーシェフとして活躍しているノブこと、松久信幸さんは日本の代表的料理の一つであるお寿司を、ニューヨーク流にクリエイトした人。現地の食材や調味料を使い、まったく新しいお寿司の形を作ったのです。

数年前から話題沸騰中のラーメンバーガーもそう！　開発者は、日系アメリカ人の男性です。彼のルーツは日本ですがアメリカで育ってきたので、ラーメンとハンバーガーという日本とアメリカの食文化を掛け合わせたところ、大ヒットしました。

かく言う私も、「おもてなし」とは日本の言葉であり日本人が大切にしている文化。でも私は長年ニューヨークに住み、このエンターテインメント溢れる街ならではの、ゲストを楽しませるパーティスタイルを体験してきました。それらを掛け合わせ、ニューヨークの食文化を知りたい日本人に向けて、現在のスタイルを作ったのです。

あなたのルーツ×お客様の需要。
自分ブランドを作る際に、ぜひ参考にしてみてください。

# ファンの心をつかむために必要なのは「Ｗｈｙ」

ファンの心をつかむということは、そのブランドに共感する人を作るということ。

では、ブランドに共感する人を作るためには、何をすべきなのか。

それは、**なぜ自分はこのビジネスをやっているのかという「Ｗｈｙ」を伝えること**だと私は考えています。


ところが、大抵の人はＷｈｙをあまり考えずにビジネスを始めてしまいます。「何を売るか」（Ｗｈａｔ）を最初に考え、その次にオンラインで売ろうか、店舗で売ろうかと「どうやって売るか」（Ｈｏｗ）を考えるのです。

でもこれでは、長くファンに愛されるブランドは構築できません。

WhatでもなくHowでもなく、まずはWhyから考えていきましょう。

**「なぜ私はそのビジネスをやりたいの？」**

**「そのビジネスを、なぜ私がやる必要があるの？」**

このように、自分に問いかけるのです。

こういった質問に答えるためには、心から好きなこと、情熱を傾けられることでないと難しいことがわかるでしょう。

そう、**Whyはパッションからしか生まれない**のです。

私の場合は、繰り返しになりますが、昔から料理をすることも、お客様におもてなしをすることも大好きでした。そして金融時代に、クライアントの接待やさまざまなパーティを通して、ニューヨークスタイルのサプライズに満ちた一流のおもてなしを体験してきました。

それは、この街に数年住んだだけでは知り得ないこと。私だからこそできることだと思っています。

だから私は、「ニューヨークのおもてなし」を料理教室や動画のレッスン、企業とのコラボレーションなどさまざまな形でお客様にご提案しているのです。

このように、Ｗｈｙさえあれば、ＷｈａｔもＨｏｗも自然と決まっていきますし、そういった私のスピリットを理解してくださるお客様は、私の夢を一緒に応援してくださるように思います。

世の中が豊かになり、物が溢れ、似たような商品が増えれば増えるほど、Ｗｈｙが強い個人や企業だけが残っていくと思います。

ですから、みなさんにも好きなこと・愛することをまず見つけていただき、それをなぜしたいのか突き詰めていってほしい。

そうしていくと、ファンに愛される世界でたった一つのブランドができるでしょう。

第5章

# 「好き」を「お金」に変える方法

～愛されるブランドを作る秘密のルール～

## 人はブランドの世界観にお金を払う

みなさんは、世界中の女性を魅了してやまないシューズブランド、「マノロ・ブラニク」はご存知ですか？

1970年代にデビューし、ダイアナ妃などのロイヤリティやマドンナをはじめセレブリティに支持されたことがきっかけで、爆発的なブームとなりました。今や「靴のロールス・ロイス」や「靴の女王」などの呼び名を持つ高価格帯のブランドです。

それにしても、これほどまでに多くの女性が憧れ熱狂するのは、なぜでしょうか。それは、美しいデザインはもちろん、その商品を手に入れることでマノロの世界観を感じたいからなのではないかと思います。

ファンは、もし同じデザインだからといって他のブランドを買いたいわけではありません。マノロが創り出す世界観に共感し憧れ、自分もその世界に浸りたいのです。

それは、どのビジネスにおいても言えるのではないでしょうか。

たとえば、私はテクニカルにお料理を教えることもありますが、そこに重点を置いていません。包丁の持ち方や切り方、食材の知識はネットで検索すれば出てきますし、競合他社も教えている内容だからです。

なのでそこに力を入れるのではなく、お料理教室を通じて私の世界観を感じてもらえるように、私だけの食材のハーモニーやテーブルの演出など別の所に力を注ぎます。

ビジネスは、お客様の問題を解決したり、お客様の生活をより良くすること。
でもそれは競合他社もやっていること。ではどこで差がつくのか。
それはやはり、作り手が創り出す世界観なのではないでしょうか。

## ブランドのキャラを設定しよう

「世界観を創りましょう」と言われても、具体的に何から始めればいいかわからない方も多いと思います。

そんな方に私がアドバイスをするとしたら、ブランドのパーソナリティを決めること。**もっとわかりやすい言葉で言うと「キャラ設定」をすること**をオススメします。

たとえば、こんな芸能人がいたらどうでしょう？
ある時はセクシーでゴージャスなキャラだったのに、ある時は地味で真面目なキャラ……。テレビを見る度にキャラクターが変わってしまったら、視聴者も混乱しますし、クライアントもＣＭなどの広告に起用しにくいと思うのです。

それはブランドも同じです。

ラグジュアリーな憧れブランドが、急にリーズナブルな大衆向けブランドになってしまったら、顧客は混乱してしまいます。

**安定したブランドイメージはとても大切**なのです。

たとえばＡｐｐｌｅは、時代の最先端をいくブランド。なので商品や広告のビジュアルやメッセージも、歴史を重んじるコンサバティブなスタイルではなく、クリエイティブで革新的なスタイルに寄せていますよね？
価格も安く設定はせず、価値を分かってくれる人が買ってくれればいいという憧れのイメージを確立しています。

このように、みなさんがブランドを作る際も、お客様にどんなイメージを持ってもらいたいか決めておかなければなりません。

クラシック、キュート、カジュアル、ゴージャズ、フェミニン……というように、まずはキーワードでいいので、自分が表現したい世界観を書き出し、そこからしっくりくるキーワードのＴＯＰ５を選んでイメージを作っていきましょう。

私の場合は、「ニューヨークのおもてなし」がベースなので、世界のトップ、クリエイティブ、モダン、都会的、インターナショナルなど。

すべて「ニューヨークのおもてなし」に返ってくるキーワードにしています。

そしてそのイメージを、料理やテーブルコーディネートだけでなく、私の洋服やヘアメイク、SNSなどで発信する言葉や写真などすべてにおいて反映させています。少しでもそこに近づけるよう努力するのです。

そうやって目指すべきブランドイメージが明確になれば、どのように自分を魅せていけばいいかがクリアになりますし、仕事の依頼があった時も、「この依頼を受けることは、私のブランドイメージに合うだろうか」と判断基準ができます。

これまでディオールやミーレ、高島屋などの企業とコラボレーションをしてきましたが、それは自分の中でブランドイメージを明確に持っていたからです。

もし私が、ニューヨークのおもてなし料理ではなく、子ども向けのデコスイーツの料理教室をしていたら、コラボレーションをする企業も変わってきたでしょう。

世界観を確立することは、お客様に選んでいただくためだけでなく、自分の進む道をはっきりさせていくためにも必要なことなのです。

さあ、あなたはどんな世界観を作っていきたいですか？

## 売ってはいけない！価値を伝えるだけでいい

日本ではお金の話をすることに対して、苦手意識を持つ人が多いように思います。

そのため、これからするお話を、苦痛に感じる方もいらっしゃるかもしれません。

しかし当たり前ですが、ビジネスとしてやるからには、お金としっかり向き合う必要があります。

ただし、その上で大切なことがあります。

それは……**「売ってはいけない」**ということです。

そう言われて、「えっ？　商品やサービスを売らないとビジネスにならないのでは？」と疑問に思われる方もいらっしゃるでしょう。もちろん、売上が上がらなければビジネスとして成り立たないのですが、理想の状態は、あなたが「営業しなくても」、その価値を求める人たちがみずから集まってくる状態なのです。

たとえば、あなたがジュエリーショップのオーナーだったとしましょう。

どうにか売上を上げたくて、「この商品、いかがですか？」とやみくもにいろんな人に営業してまわったら、どうでしょう？

「そんなに人気がないのかな、売れていないのかな」とお客様に思われて、ブランド価値を一気に下げてしまうかもしれません。

しかし、事前にそのブランドの価値を知り、興味を持ってくださったお客様であれば、みずから問い合わせをしてくださったり、お店に足を運んでくださるのではないでしょうか。なかには商品を購入されるお客様もいるでしょう。

ですから、**あなたは営業をするのではなく、ブランドの価値について伝えるだけでいいのです。**

## 愛と高利益で幸せを導き出す～「LOVE」&「PROFIT」～

さらに「あなたが提供する商品で、最も高利益なものは何か？」ということも常に把握する必要があります。

しかし、ここで注意しなければならないのは……、値段が高い＝高利益ではないことです。

たとえば、10時間で10万円のＡサービスと、30時間で20万円のＢサービスがあるとしたら、多くの人は20万円の方が値段が高いからとＢサービスを積極的に販売しがちです。しかし時給で換算するとＡサービスの方がＢサービスよりも、１・５倍も高い計算になります。

10時間で10万円＞30時間で20万円

時間は有限です。そして現実的な話になってしまいますが、生きるためには生活費もかかりますし、もしお店を開いていたらその場所代、従業員を雇っていたらそのお給料など……さまざまな出費があります。その出費以上に利益を上げていかないと、どんなビジネスだって潰れてしまいますよね。

だからこそ、あなたが売っている商品と値段、それに費やす時間やコストを書き出し、1時間ごとのレートを出してみましょう。そこで最も高利益な商品に、時間やエネルギーを集中させるのです。

そして大事なことなので繰り返しになりますが、扱う商品はあなたが心から愛することでなければなりません。つまり「愛することで、かつ高利益」の商品だけを販売するのです。

## 「LOVE」×「PROFIT」で、お客様からより愛される！

ここで、お客様の肩こりや腰の痛みに対して施術を行っている、セラピストKateの事例をご紹介しましょう。

彼女はもともと週に5日、団体クラスのセッションを行っていました。大好きな仕事ではありましたが、低利益でしたたし、競合他社と差がつくようなブランドが確立できず悩んでいました。

そこで彼女は、2週間マンツーマンで集中ケアをするサービスのみを販売することに切り替えました。

すると高利益になっただけでなく、お客様の満足度も上がったそうです。

というのも、お客様一人に対して徹底的に向き合うことで、そのお客様を救えるからです。

もちろんプレミアムなサービスなので、団体クラスのセッションよりも高額ではあるのですが、「このサービスで肩こりや腰痛が2週間で改善され、仕事の効率が上がるなら」と、忙しいビジネスマンや社長クラスの方々がクライアントになっていきました。

そして「Ｋａｔｅさんのお陰で、長年悩んでいた肩や腰の痛みが消えたんだよ」とサービスに満足くださったお客様のクチコミによって、どんどん新しいお客様が増え、ビジネスが広がっていきました。

いかがでしょう？

このように、ブランドを確立するためには、
**あなたが最も愛している商品（ＬＯＶＥ）**
**最も高利益な商品（ＰＲＯＦＩＴ）**
この２つを一致させ、これだけにフォーカスすることが重要なのです。

そうすることで、お客様からより愛されるブランドが確立するでしょう。

## 愛する商品の価値を上げる２つの方法

「愛する商品で、かつ高利益」の商品だけを販売するといわれても、そもそも愛する商品が低利益だったり、そんなに好きではない商品が高利益だったりと、両者が一致しない時はどうすればいいのでしょうか。

その場合は、好きなこと・やりたいことの方が大切なので、「自分は何をやることが好きなのか」「何をやりたいのか」を紙に書き出して明らかにし、その後にどうやったら価値を上げられるかを考えていきましょう。

たとえば私は以前、大人数が参加するパーティのプロデュースを多数行っていました。しかし今は主催をするとしても、少人数のプライベートパーティをメインにしています。

なぜかというと、大人数のパーティは規模が大きい分入ってくるお金も大きいのですが、出て行くお金も大きいからです。

大きな会場を借りる必要もありますし、アシスタントなど人も雇わなければいけないですし、必要な食器やお花も多いため出費も増えてしまいます。つまり、低利益なのです。

さらに、サービスのクオリティやお客様の満足度も下がってしまいがちです。

人数が多ければ多いほど、料理一品一品にかける時間が物理的に少なくなりクリエイティビティが下がりますし、私一人では作ることができない場合は、アシスタントにお願いすることになるからです。

もちろん、アシスタントには事前にきちんと指導はしますが、私の知らないところで落ち度があるかもしれません。

たとえば料理の盛り付けが崩れていたら、せっかく参加してくださったお客様もがっかりしてしまいますし、その方が料理の写真を撮ってSNSにアップしてしまったら……。お客様だけでなく、別の方もその投稿を見ることとなり、ブランドの価値が下がってしまいます。

大人数のパーティは、労力がかかる割には、出費も多く低利益ですし、リスクが高いのです。

一方、少人数のプライベートパーティはというと、より手が込んだ料理が作れ、お客様にスペシャルなひと時を過ごしていただけます。

さらに、私もお客様一人一人と向き合え、彼らが求めるサービスを提供できるので、幸せなお客様を増やすことができます。

よって、大人数のパーティより高い参加費を提示することも可能になりますし、準備にかかる時間やコストもカットでき、利益率が高くなるのです。

「パーティ向けのおもてなし料理を作る」という点では両者は同じです。でも工夫次第で、より高利益にできるのです。

「愛する商品で、かつ高利益」を実現する方法は、大きく2つあります。

## 1．無駄をカットして、プレミアムな価値をつける

無駄な時間やコストをカットし、お客様が本当に必要としているプレミアムな価値

をつけることで、より満足いただけるサービスを提供できます。

さらに、お客様の満足度を上げる＝価値が上がることなので、高利益に繋がるでしょう。また、自分自身も本当に大好きなことに集中できるので、幸福感も高まります。

私が主催しているプライベートパーティは、まさにこの方法ですね。

## 2. お客様の満足度が高い別の価値を組み合わせる

やりたいことを書き出した時、一番やりたいことは低利益だけれど、3番目にやりたいことが高利益だった場合、もし可能だったら、その2つを組み合わせるのもいいでしょう。

たとえば、あなたがたくさんの人を集めてイベントを企画することが得意で、そのイベントに参加をすると素敵な異性に出会えるということでお客様の満足度も高く、一番高利益だったとします。

でも、あなたが一番やりたいのは、大好きなヨガを教えること。であれば、そのヨガをお互いを知るための出会いのコンテンツとして活用し、イベントを主催してみるのはどうでしょうか？

そうすると、好きなことと高利益が実現しますし、初めは出会い目的だったけれど、ヨガの楽しさに目覚め、あなたのプライベートレッスンに通いたいというお客様も現れるかもしれません。

## 断ったほうが愛される

突然ですが、質問です。以下3つを実現するために、必要なことは何でしょう？

◆ **ライバルを大きく引き離し、ブランド力をアップ**

◆ **自分のサービスや商品を、本当に必要としている顧客だけを引き寄せる**

◆ **高利益で、ビジネスを成功に導く**

その答えは……「断ること」です！
実は断ることが出来るか出来ないかで、ブランドの将来は決まってしまいます。
ここでは、その理由についてお話ししていきましょう。

**理由１：断らないと……ブランドメッセージが弱まってしまう**

たとえば、私のもとに「節約レシピ講座を開催してください」という依頼があったとします。しかし、私がご提案しているのは「ニューヨークのおもてなし料理」。
ここでＮＯと断らなければ、私が何をお客様に提供している人かわからなくなってしまい、ブランドのメッセージも弱まってしまいます。そして、本当にやるべき仕事ができなくなってしまい、オンリーワンブランドへの道からも遠のいていくでしょう。

**理由２：断らないと……不満足なお客様を増やしてしまう**

もし私がその依頼に対して断れず、節約レシピ講座を開催してしまったら、不満足なお客様を増やしてしまいます。なぜなら、その分野のプロではないので仕事の質も落ちてしまいますし、「本当はあまりやりたくない」と思いながら仕事をしていたら、それはお客様に伝わってしまうからです。

トップブランドというのは、誰一人として不満足なお客様を増やしてはいけません。来てくださった方を幸せにするためにも、NOと断ることが大切なのです。

## NOは、エキスパートだと表明する手段

米国フジテレビから料理番組の出演依頼があった際も、出演条件にエプロンをつけることがあったため、出演をお断りしたことがあります。

というのも、エプロンをつけることで、私が表現したいニューヨーク流のパーティという華やかな世界観を表現できなくなってしまうと考えたからです。

断ることに対して、ネガティブなイメージを持たれる方もいらっしゃるかもしれま

せんが、NOということは、自分の信念を伝えること。愛する商品への情熱や世界観を、相手に伝えるチャンスでもあります。そのため、断ったことで「そんな想いでビジネスをされているんですね！」と逆に応援していただけることもあります。

実際に、このテレビ番組の出演依頼があった時もそうでした。そんな変な理由で断る料理家はあまりいないので、最初は驚かせてしまいましたが、私の想いに納得いただき、なんと最終的にはエプロンなしで出演させていただけることになりました。

またNOと言うことで、ブランドメッセージが伝わるので、本当に必要としている人を引き寄せることができます。だから、もしそのときはご縁がなかったとしても、後日、別のチャンスがきた時に思い出してもらいやすいというメリットもあります。

断ることは、「私はこの分野のエキスパートです！」と伝えるために必要なこと。
ニッチな価値を創造して、あなたのブランドを守るためにも、勇気を持ってNOと言いましょう！

## それでも断るのが苦手な人へ

日本人は相手の気持ちを尊重する優しい方が多いため、断るのが苦手な国民ナンバーワンかもしれません。そのため、お客様から依頼があれば、たとえ自分の理念に沿っていなくても応じてしまう人も少なくありません。

このように人の意見に流されがちな人は、周りに動かされない確固たる自分を持つことが大切です。では、どうすれば、ブレない自分になれるのでしょうか？

まずは、**自分が大切にしていることを紙に書き出しましょう**。それが第1ステップです。文字にすることで、頭の中や気持ちが整理されると思います。

第2ステップは、その考えを自分の中だけで持っているのではなく、アウトプットすることです。**家族やお友達に話したり、SNSでの発信を続けていくと、次第に自**

分の意見を言えるようになっていくでしょう。

もし、「こんなことを書いたら、周りの人にどう思われるだろう？」と不安を感じる人は、何の制限もなく自由に発言できるよう、プライベートとは別のアカウントを作って発信するのもオススメです。

本音で伝え続けていく中で、あなたの意見に共感してくれる人が一人二人と現れ、「これでいいんだ！」という自己肯定感や自信が生まれるでしょう。

## 断り方次第で、信頼関係が築ける

ニューヨークでは、自分の意見を持っていないと「つまらない人」と思われがちです。他の人とは違うオリジナルの意見を持っている人の方が、興味を持ってもらえるのです。

そんなニューヨークでも、相手と反対の意見を言う際は、あるルールがあります。

それは、たとえ相手の意見に賛成しかねる場合でも、まずは「あなたはそんな風に考えているんですね」と**受け止めること**。さらに「なるほど、そういう視点もあるんですね！　興味深いですね」などと、**いいところを褒めること**。

その上で、相手に納得してもらえるような理由を添えて、自分の意見を言うのです。すると、お互いの意見をリスペクトし合えるので、信頼関係が築けるのです。

これは、私たち日本人がＮＯを伝える際にも使える方法だと思います。

まずは**相手の意見を受け止め、リスペクトをして、その上で理由を添えて丁寧にお断りをする**。そこで相手に納得してもらえたなら、ノーと断ることで信頼を失うのではなく、逆に信頼関係を築けるでしょう。

# お客様のために値引きはしない

もしお客様から値引き交渉をされたら、あなたはどうしますか？
なかなか難しいと思いますが、ここでも断ることが大切です。

理由は、**値引きをしてしまうことで、たくさんのデメリットがある**からです。

たとえば、通常50万円で提供しているコンサルタントフィーを、40万円に値引き交渉されたとしましょう。もしここで、収入がまったくないよりは40万円の収入があった方がいいと考え、非正規の価格でたくさん引き受けてしまったら……。

後日、正規の価格でお申込みがあったとしても、「ごめんなさい！　今、他の仕事が入っていてお引き受けできません！」と本当のお客様を逃してしまう可能性だってあるのです。

また値引きで仕事を引き受けていると、「あの人は安くしてくれるよ」と噂が広まってしまい、ブランドの価値を下げてしまいます。

そしてブランドの「価値」ではなく、「値段」で選ぶ、本来のお客様ではない人ばかり集まってしまうのです。

エルメスはよほどのことがない限り、値引きはしないと聞いたことがあります。

商品に傷がついているなど欠品があったら、それが世の中に出回ってブランド価値を下げないために処分するといいます。

ブランドを守るためにも、安易に値引きをすることは避けましょう。

## プランを明確に持っておく

とはいえ、「値引きは断れと言われても、伝えにくい……」と思われる方も多いと思います。私の講座に通われる生徒様からも、このようなご相談をよく受けます。

そんな方に私がご提案しているのは、**プランを最初から明確に持っておくこと**です。

たとえば、あなたのサービスを一覧化し、ホームページなどに掲載すれば、内容や価格に関するお問い合わせのやりとりをせずに済みます。もし何らかの理由で公開できない場合でも、メニュー表を作って用意しておくこと。

そうすれば、「この値段でお願いしたい」と価格交渉をされたとしても、メニュー表をお見せしたり、メールでお送りしたりして、「申し訳ありませんが、いつもこの価格帯でご提供させていただいております」と断りやすくなります。

プランを提示することには、その他にもメリットがたくさんあります。

本当にあなたのサービスを必要とするお客様だけが集まってくれますし、お客様も何が得られるか最初から明確なため、お申込み後のトラブルを防ぐこともできます。

加えて、メニューの内容や価格などについて、何度もやりとりをする時間や労力も省けるので、その分他のことにエネルギーを注げ、利益が上がります。

自分でビジネスをするとしたら、すべてのメニューを自分で作らなければならないので、最初は慣れない方もいらっしゃるでしょう。

でも、商品の内容や価格について、何度もやりとりをする時間は、あなたにとってもお客様にとっても非効率。

効率化するためにも、ぜひプランを明確に持っておきましょう。

## 「情報はタダ」はお客様のためにならない

価格交渉の他に、よく生徒様からご相談を受けるのが、「お客様から無料でアドバイスを求められて断れない」ということ。

でも想像してみてください。あるカウンセラーの先生のもとに「こういう場合はどうすればいいでしょうか？」「今日こんなことがあったのですが……」と連日のように無料の相談があったとしたら、先生も困ってしまいますよね。

それに、お金を払って先生のもとにカウンセリングに来ているお客様もいるので、そこで無料で相談にのってしまったらフェアではありません。

私もニューヨークに進出したいという企業の方から、「今度ランチをしながらお話を聞かせてください」とご連絡をいただくことが多々あります。

でも先ほどの理由から、私はコンサルティング費用を提示し、それでもお願いしたいと言ってくださる方とのみ打ち合わせをします。

実はその方が、お客様にとってもいいのです。

というのも、人はお金を払って投資をした方が、目的を達成するために真剣になるからです。たとえば、親に学費を払ってもらい学んでいた学生時代は、授業中に居眠りばかりしていた人っていますよね？

でもそんな人でも、大人になって自分で稼いだお金を投資して何かを学ぶ時は、すべてを吸収しようと本気になると思うのです。

**知識や経験などの情報は、価値です。そして時間も有限です。**

あなたとお客様、お互いに気持ちよくいるためにも、こういったこともコンサルティング費用としてメニュー表に明記しましょう。

# なぜあなたでないとダメなのか、を明確にする

「あなたが提供するサービスの一番の売りは何ですか？」

「あなたのサービスは、どんなことが他社よりも優れていて、お客様を喜ばせることができるのですか？」

「お客様は何を解決したくて、あなたのところに来るのですか？」

これらの質問に答えられないと、差別化できません。

なぜかというと、「私が提供するサービスじゃなくてもいいですよ。他社のサービスでもいいですよ」と言っているようなものだからです。

一流ブランドは、ここがハッキリしています。「自分たちでないと、お客様を満足させることはできません！」という、そのブランドでないと提供できない価値を作っているのです。

ですから、「なぜあなたでないとダメなのか」を明確にしましょう。

- **私のレッスンに通うと◯◯のスキルを得ることができます。**
- **１ケ月で３キロ痩せることができます。**
- **肩こりが治って、仕事の効率が１２０％アップします。…etc.**

短期的に受ける恩恵、長期で受ける恩恵のそれぞれも提示しましょう。

さらに、お客様があなたのサービスを受けた後、どんな気分になるのか考えることも大切です。そう言われて、「なぜ気分がそんなに大事なの？」と不思議に思われる方もいらっしゃるかもしれませんね。

先ほど、「人はブランドの世界観にお金を払う」とお話しましたが、

**◆エルメスのバックを持つと、ワンランクアップした自分になれる気がする。**
**◆ラルフローレンのネクタイを締めると、新しい自分に出会える気がする。**

このように、人は感情で動く生き物だからです。

ハード面ソフト面ともに、あなただからこそ提供できる価値を明確にし、世の中に発信していきましょう。

## 愛してくれるお客様は自分で決める

実は「あなたのブランドを愛してくれるお客様は自分で決めるもの」でもあります。

そんな風に言うと、「えっ、どういうこと？　ビジネスってお客様に選ばれるから成り立つものじゃないの？」と疑問に思う方もいらっしゃると思います。

もちろんそうなのですが、ターゲットが決まっていないと、お客様を満足させられないですし、どうプロモーションしていいか判断できません。

たとえば一般大衆向けなのかセレブリティ向けなのかによって、サービス内容や価格も変わってきますよね？

ブランドカラーやホームページ、発信するメッセージまでも変わってくるでしょう。

なので、**まずは一人の理想のお客様をイメージし、どんな人が自分を必要としているか具体的に書き出してみましょう。**

性別や年齢、住んでいる所、職業だけでなく、どんなことに興味を持っているのか、性格や収入など、できるだけ細かく具体的に。

たとえば……

東京在住の29歳独身女性。大学卒業後ＩＴ企業に入社し7年目。現在営業の仕事をしていて、年収は４００万円。仕事は充実しているが忙しいため、体調を崩しがちで肌荒れも気になっている。最近は美容・健康に関心が強く、毎週ヨガスタジオに通い、ヘルシーな料理にも興味を持っている。読んでいる雑誌は……という風に。

実際の知り合いを思い浮かべて、「◯◯さんのような人」と設定するのも、イメージしやすいのでいいですね。

私の場合は、お料理教室を始める前から「グルメな人、ニューヨークが好きな人、駐在員の奥様、自分もサロンを開きたいと思っている人、お洒落や美容にこだわる人」と、イメージしていました。

さらに私は提供しているサービスごとに、対象のお客様をそれぞれ決めています。

動画のクッキングレッスンでは、まだお子様が小さくてお料理教室に参加できない方、ブログや私が出演している料理番組を見てレッスンに参加したいと思っているけれど、遠方で参加できない方々に向けて作り始めました。

ブランディング講座は、好きなことをビジネスにしていきたい方向けです。

**あなたは、どんなお客様にあなたのサービスを体験してほしいですか？**

**理想のお客様はどんな方でしょうか？**

あなたを愛してくれるお客様は、自分で決めたほうがいいのです。

より良いサービスを提供し、満足していただくためにも。

最終章

# 覚悟を決めて「好きなこと」をしよう

～夢は逃げない！　自分の道は自分で切り開こう～

# この世に失敗はない

「新しいことにチャレンジしたいけれど、失敗したらどうしよう……」と挑戦することに躊躇してしまう方もいらっしゃるかもしれません。

でも失敗を一度も経験せずに、成功を手にすることはできません。

かくいう私も、これまで色んな失敗をしてきました。

たとえば、過去にはこんなことがありました。

私はお料理教室の1〜2ヶ月前にはレシピを考えるのですが、食材には旬があるので、開催する直前で食材が買えなくなってしまい、必死で街中のスーパーを走り回ったこともありました。

でもその努力もむなしく、その食材は結局見つかりませんでした。

お料理教室の日程も迫っていますし、来てくださった生徒様に損はさせたくないし、ガッカリさせたくない。そこで私はどうしたか。当日は別の食材で代用し、生徒様には2つ分のレシピをお渡ししました。

すると、別の食材で作った方が、かえって美味しくなったのです！　さらに、生徒様も「2つのレシピを学ぶことができた！」と喜んでくださりました。そう、**失敗を失敗で終わらせず、知恵と工夫を凝らせば成功に転じるのです。**

## 失敗から大ヒット商品を生み出した、ジャン・ジョルジュ

こんな話を聞いたことがあります。

みなさんは、ニューヨークで絶大な人気を誇るシェフのジャン・ジョルジュをご存知ですか？　2014年に日本にも初上陸し、六本木ヒルズに「ジャン・ジョルジュ・

トーキョー」というレストランをオープンしたので、足を運んだことがある方もいらっしゃるかもしれませんね。

実は、この世界で最も有名なシェフの一人であるジャン・ジョルジュも、新しいデザートメニューの試作をしていた時、失敗をしてしまったそうです。彼はチョコレートを使ったケーキを作っていたのですが、中身がゆるくなってしまい、本来であればケーキをカットしたら生地が固まっているべきだったのですが、とろ〜っと中身が出てきてしまいました。

しかし、他のシェフたちとその失敗してしまったデザートを食べたところ……このとろけるチョコレートが最高に美味しかったのです！ そこで、試しにレストランでも出したところ、瞬く間に人気メニューに！ ジャン・ジョルジュは失敗から大ヒット商品を生み出してしまったのです。

**私はこの世には失敗はないと思っています。**

どんなマイナスだって、発想の転換とその後の行動次第でプラスに変えられます。
だから、もしあなたが失敗を恐れてチャレンジができない時は、ぜひこのエピソードを思い出していただきたいなと思います。

## 今はやろうと思えば、なんだってできる時代！

ありがたいことに、現在生徒様の数は3000人を超え、ニューヨークにお住まいの方だけでなく、世界中から私のレッスンを受講いただいております。それはなぜかというと、**生徒様がどこに住んでいても受講できる仕組みを作ったから**です。

キッカケは生徒様からのこんな声から始まりました。

「先生のお料理教室に行きたくても、日本に住んでいるので難しいんです」
「子どもが小さく育児に忙しいため、なかなか参加できません」
そこで「どうすれば時間や場所の制限なく、参加いただけるだろう」と考えスタートしたのが、インターネットで配信する動画のクッキングレッスン（コルトン・クラブ）でした。

実際やってみると、日本にいらっしゃる生徒様からは「日本でも先生のレッスンを受講できて嬉しいです！」という声をいただいたり、育児で忙しい生徒様からも「子どもを寝かしつけた後に、先生の動画を楽しんでいます！」とご好評いただいています。

またコルトン・クラブを作ったことで、仕事の可能性がぐんと広がりました。生徒様が世界のどこに住んでいても、ずっと繋がっていられるし、まだ一度もお会いしたことのない方にも、私の提案するおもてなしをお届けできるからです。

ただ私は技術者ではないので、動画の撮影や編集をやっていて「もう、ワケがわからない～！」と投げ出したくなることも多々あります。

でも、以前プロに撮影や編集をお願いしたことがあるのですが、自分の思い通りにはならなかったんですよね。料理が美味しそうに見える角度や、何をメインに映したいかなど、私でないとわからない部分も多い。

**やっぱり私の世界観は、自分で作るのが一番**なのです。

これは画家などのアーティストもそうだと思います。もしあなたが画家だったら、「私の代わりに絵を描いて」とは他人に頼めないのではないでしょうか。

また技術に関しては素人とはいえ、どうやって撮影・編集をしたら、私のおもてなしを生徒様に伝えられるだろうかと日々研究していくと、人間は成長するもの。

今日の私は昨日の私よりも技術が上達していますし、もし方法がわからなければ調べればいい。Google先生に聞けば、今は何でも教えてくれるのですから。

それに、調べれば消費者が使いこなせるレベルだからこそ、カメラも動画編集ソフトも商品として売られていると思うのです。

たとえば息子が小さかった時、こんなことがありました。

息子はiPhoneをしょっちゅういじっていたので、「ママ！そういう時は、こうすればいいんだよ」とよくやり方を教えてくれました。

その度に私は「え？なんでこんなに小さい子ができるの？」と驚いていたのですが、息子のようにとにかく触ってやってみればできるんですよね。**自分でできないと思っているから、できないのです。**

今は、テクノロジーの発達によって、一般の人でも世界中に発信ができる時代になりました。

逆に言えば、やっている人とやっていない人の差が、どんどん開いていく時代でもあります。現代は、昔には考えられなかった素晴らしい技術が手軽に利用できるのですから、それを活かさない手はありません！

ぜひ、その恩恵を最大限に利用し、**今の時代のベストを活用していきましょう。**

# 最大の敵は、諦めてしまう自分

「そんなの無理に決まっているよ」

「できるわけがないよ」

そういう言葉を聞いて、夢を諦めてしまう人も少なくないと思います。

私も過去に「やっぱり無理かも……」とくじけそうになったことがあります。

それは、レシピ本を出版したいと思い、ある出版関係者に相談した時のこと。

「今は本が売れない時代だから、有名人じゃないとレシピ本は出せない」と言われ、「一般人の私には叶わぬ夢なのかもしれない……」と落ち込みました。

でも、そこで諦める私ではありません。

第2章でもお伝えした通り、一つひとつ行動を積み重ね、2015年の私の誕生日である12月7日に、ついにレシピ本の出版という夢を叶えました。

出版を記念して開催したパーティには、私の料理教室に参加してくださっている生徒様や、お仕事でご一緒させていただいているクライアント、家族や友人など、たくさんの人達がお祝いに駆けつけてくれました。

そして、「ひでこさん、おめでとうございます！」「本当によかったですね！」と自分のことのように喜んでくださりました。こんなにも多くの方が私のことを応援してくださったこと、一度は諦めそうになった夢が叶ったことが嬉しくて嬉しくて、パーティ当日は涙が溢れました。

そして、**「一番の敵は自分だ。夢は諦めなければ叶うんだ！」**と痛感しました。

よくアスリートは「自分が最大の敵」だと言いますが、まさにそう。

「ダメかもしれない……」というネガティブなもう一人の自分が顔を出しても、「そんなことはない。絶対夢を叶えるんだ！」と自分を奮い立たせることができるかどうか。すべては、自分との戦いなのだと思います。

**夢は逃げません。最大の敵は、夢を諦めてしまう自分自身なのです。**

## 自分をブランドにできる人、できない人

ここまで様々なメソッドを紹介してきましたが、結局、自分をブランドにできる人、できない人の違いは何なのでしょうか？

今までお話した内容をまとめると、自分をブランドにできない人は、こんな特徴があるでしょう。

◆**やりたいこと・好きなことなど、情熱を注げるものがまだ見つかっていない**
◆**スキルが足りていない**
◆**ブランディングができていない**
◆**あなたのサービスをお金に変えるためのビジネス知識がない**

そういう方にアドバイスをするとしたら、以下を実践いただきたいと思います。

（1）常に興味のアンテナを立て、ピンときたことは色々挑戦し、「これだ！」と思える情熱を注げるコトを見つける（第1章、第3章参照）
（2）（1）が見つかったら、プロフェッショナルといえるレベルになるまで、経験を積みスキルを身につけ、ブランディングやビジネスに関する知識を学び実践する（第2章、4章、5章参照）

**もし、ここにもう一つ付け加えるとしたら、私は「志」なのではないかと思います。**

「志」の意味を調べると、「こうしようと心に決めること」「心に決めた目標を目指す気持ち」などの意味が出てきます。つまり、**「覚悟を決めて、理想の未来を目指すこと」**と言えるでしょう。

まず**覚悟がないと、ネガティブな出来事がある度に心がブレてしまいます。**

たとえば、あなたが自分でビジネスをはじめたいと言ったら、家族や恋人、友人に「そんなの上手くいくはずがない。やめた方がいいよ」というような反応が返ってくることもあるかもしれません。

好きなことを仕事にしたいと考え、私のブランディング講座を受講した生徒様の中にも、そのような経験をして落ち込んでしまう方もいらっしゃいました。でもそこで諦めてしまったら終わりです。

「反対されてもやりたい！　何が何でもこれを仕事にするんだ！」というぐらいの気持ちがないと、スタートを切ることはできません。

またビジネスをしていると、様々な場面で壁にぶち当たることもあるでしょう。そうなった時に、**理想の未来を思い描けるかどうかが重要になってきます。**

私は常に「10年後どのような自分でありたいか。どんな風に生きていきたいか」ということを自分に問い続けています。

そして、それを元に半年後は何をすればいいか、1年後は何をすればいいのかを逆算して、理想の未来に向けて一つひとつ行動しています。

私の最終ゴールは、自分流のおもてなしを日本人だけでなく、世界に発信すること。そのゴールに辿りつくために、数年の間に挑戦したいことがたくさんあります。

たとえば、これまでは日本人の生徒様をメインに日本語で料理教室を行ってきましたが、今後は英語で様々な国の方にも伝えていきたいですし、どこに住んでいても私のレッスンを受講いただけるように、オンラインでの基盤を作っていきたいなと考えています。

もちろん10年後、世界がどうなっているか、自分自身がどうなっているかなんて誰にもわかりません。ですから、進んでいく途中でゴールを変えてもいいし、結果的に今思い描いている理想と実際の未来が違ってもいいんです。

**大事なのは、現時点で目指したいゴールを決めること。**
**それに向けてとにかく突き進むこと。**

まだゴールが明確でなければ、方向性だけでもいいから決めることです。

「こうなりたい！」という理想を思い描くことができれば、そのために一歩一歩進んでいけますし、もし困難な出来事があったとしても「これを乗り越えれば、目標に近づけるのだから頑張ろう！」と、自分で自分を応援することができるからです。

心がブレてしまったり途中で歩みを止めてしまったら、成長は止まってしまいます。あなたというブランドを大きく育てるためにも、ぜひ覚悟を決めて、理想の未来を目指していきましょう！

# 「This Is Me（これが私！）」が扉をひらく

みなさんは、本年度アカデミー賞にノミネートされたミュージカル映画「グレイテスト・ショーマン」をご存知ですか？

この映画の舞台は、19世紀半ばのニューヨーク。
家族を幸せにすることを願う男性が、差別や偏見を受け苦しんでいたオンリーワンの個性を持つ人々を集め、誰も観たことがない全く新しいショーをスタートさせ、成功をつかむ物語です。

このドラマティックなサクセスストーリーを彩るのは、バラエティ豊かな9曲のミュージカルナンバー。その中でも、主題歌の「This Is Me（これが私！）」は、ありのままの自分でいることの素晴らしさを教えてくれる名曲です。

**他人と違ってもいい。ありのままでいい。**
**欠けているものなんて、何もない。**
**This Is Me!　これが私！　みんな違うからこそ、輝くんだ。**

そんなメッセージが、私たちに勇気を与えてくれます。

また日本でも映画が公開されるとなって、いま最も注目を集めている、大阪府立登美丘高校ダンス部とのコラボレーションが実現しました。

登美丘高校ダンス部といえば、２０１７年9月にYouTubeで「バブリーダンス」の動画が公開されるや否や話題となり、YouTubeのトップトレンド動画にも選ばれ、国内外を問わず問い合わせが殺到！　さらにその年の年末の『日本レコード大賞』では荻野目洋子さんと、『紅白歌合戦』では郷ひろみさんとの共演を果たしました。

そんな登美丘高校ダンス部が、なんと『グレイテスト・ショーマン』の主題歌「This Is Me」のプロモーションビデオに出演することになったのです。

というのも、登美丘高校ダンス部はつねにオンリーワンを目指し、他の高校ダンス部とはまったく違ったアプローチで、衣装や演出なども今までにないやり方で、数々のダンスコンテストで優勝をしてきました。そういった個性を大事にして、自分たちのスタイルを貫く姿勢が評価され、今回ハリウッドからオファーが来たのです。

プロモーションビデオでは、総勢72名の女子高生が制服姿で圧巻のダンスを披露しました。その動画を通して、等身大でひたむきに踊る彼女たちの姿を見た世界の人々は、きっと心を強く揺さぶられたことでしょう。

実際に、『グレイテスト・ショーマン』で主役を演じているヒュー・ジャックマンも、登美丘高校ダンス部を大絶賛！　来日記者会見では、この動画を見て「とても感動した」と言っていました。

こうして普通の女子高生たちが、一気にスターになってしまった。それも日本だけでなく、世界の！

そんなこと、昔だったらありえなかったでしょう。

でも今は、インターネットには国境がないので、個性が輝けば世界にだって出ていける時代なのです。

だって、普通のダンスが好きな高校生たちが、自分たちの個性を生かしたゆえに、世界のハリウッドに認められたのだから。

ですからみなさんも、人と違うことを恐れないでください。

**誰がなんと言おうと「これが私！」と自信を持って、あなたらしい人生を突き進んでほしいなと思います。**

## 「好きなことをして生きる」がスタンダードに

これまで本書を通して「好きなことをしましょう」とみなさんにご提案してきましたが、実は息子にも「本当にやりたいことをやって生きてね」と日々伝えています。絵が好きだったらアートの道、ゲームが好きだったらゲームの道に行っていいんだよと。

長い目で見ていくと、これからは人間味がない単調な仕事はどんどん淘汰されていくと思います。人工知能などのコンピューターや、海外からの安い労働力などが、そういう仕事を奪っていくからです。

実際に、今学校で習っていることは、コンピューターを使えばできることが増えています。たとえば息子はわからないことがあれば、秘書機能アプリケーションソフトウェアのＳｉｒｉに聞いています。膨大な知識を知らなくても、大抵のことはＳｉｒｉが教えてくれるのです。

またビジネスで成功している人を見ても、学歴が絶対条件ではないですよね。真面目に勉強して、いい学校に行けばいいという時代は終わってしまったのです。

今、世の中はものすごい勢いで変わっていて、将来だってどうなるかわかりません。ちょっと前まで「この会社に入れば安泰だ！」と言われていた大企業が潰れてしまったり、「この仕事につければ、一生生活に困ることはない」と言われていた職業が次々となくなっているのです。

でも一方で、ＡＩや安い労働力が奪えない仕事、どんなに世の中が変わっても奪えない仕事があります。それは、その人しかできないオリジナリティが求められる仕事です。

ではそのオリジナリティを持つためには、何が一番大切かというと、やっぱり好きなことを追求することだと思うのです。

なぜなら、**その人ならではのオリジナリティは、パッションから生まれる**のだから。時間を忘れて没頭できるような、それをすることで心の底から喜びが溢れるような「好きなこと」からしか、オリジナリティは生まれないのです。

だからこそ、他人がどう思うかではなく、自分が本当にやりたいことをやる！　周りの意見で自分の人生を決めるのではなく、**自分の道は自分で切り開いていきましょう。**

だってこれからは、一人一人の個性こそがもっと重要視され、自分のやりたいことが仕事になる。

**「好きなことをして生きる」がスタンダードになる時代**なのだから。

# おわりに――自分の可能性を信じよう――

最後までお読みいただき、ありがとうございました。

「いくつになっても自分の可能性を信じて、やりたいことをやって生きる女性を増やしたい！」そんな想いから、私はこの本を書きました。

日本に一時帰国をすると、「もう若くはないから……」と言って、何かに挑戦することを諦めてしまっている方に出会うことも少なくありません。

そういう方々は、「年相応」という言葉のごとく、世間が考える「その年齢にふさわしい生き方」を押し付けられてしまっているのかもしれません。

でもこのような考え方は、人の可能性に制限をかけてしまう、非常にもったいない考え方だと私は思います。

ニューヨークは、いくつになっても挑戦し、人生を楽しんでいる人ばかりです。

夫ジョナサンが大学時代にお世話になった教授も、自分の仕事に情熱を持ち、90歳を超えても教壇に立ち続けていました。

趣味はオペラ。オペラを観る時はいつも最前列に座り、お気に入りの歌手が歌い終わると立ち上がっては、一際響き渡る大きな声で「ブラボー」と賞賛するのでした。また犬も大好きで、よくウェストミンスター・ドッグショーの審査員もしていました。

そんな彼ですが、ある日大学への通勤途中で倒れ、亡くなってしまいました。知らせを聞いた多くの人が、深い悲しみに包まれました。

しかし彼のお葬式は、行われることはありませんでした。

というのも、彼は生前「僕が死んでもお葬式はやらないでほしい。代わりにパーティを開いてほしい」と言っていたからです。やりたいことをやって人生をまっとうするのだから、みんなには悲しむのではなく、祝ってほしかったのです。

数日後、彼の遺言通りパーティが開催され、家族や友人、教え子だけでなく、彼が大好きだったオペラ歌手や、なんと犬たちまで参列しました。
最後は全員でオペラの曲を歌い、フィナーレでは彼が生前やっていたように「ブラボー！」と彼の人生を賞賛し、盛大な拍手とともにパーティは終わりました。

私はこの街で、彼のように人生を思いっきり生きている人たちにたくさん出会いました。そして「年齢は関係ない！ いつからだって、思い通りの人生を生きられる」ということを学んだのです。

だから私も彼らのように、一生現役でいたい。
命が燃え尽きるまで、やりたいことをやって生きていきたいと思っています。

本書を作るにあたって、ニューヨークと日本という距離や時差がある中、素晴らしい本を作るために熱心にご指導くださったＷＡＶＥ出版の大石聡子さん、私の想いを汲んで分かりやすく的確にまとめてくださったライターの鮫川佳那子さんに、この場を借りて厚くお礼申し上げます。

そして、いつも私を支えてくれる愛する夫ジョナサンと、息子の大河。
ふたりがいてくれるから私は毎日笑顔でいられます。いつも本当にありがとう。

私のクッキングレッスンやセミナーに参加してくださっている生徒様、クライアント様、本書を最後までお読みくださった皆様にも、心からお礼を申し上げます。

人間には、無限の可能性があります。それはいくつになっても。
ですから、みなさんにも自分の可能性を信じてほしい。
あなたの人生は、あなたが主役です。他の誰のものでもありません。
ぜひ自分にしかできない、オンリーワンな人生を生きてくださいね。
この本を閉じた瞬間から、あなたの人生が最高のものになることを心から願って。

ひでこコルトン

2018年6月　ニューヨークにて

# 巻末特別ワーク

「読んで終わり」にしてほしくない。
そんな思いから、最後にワークをご用意しました。
書き込んでいくうちに、あなた自身もまだ気づいていない
「自分の魅力」を知ることができるワークです。
この本に直接書き込んでもいいですし、
お気に入りのノートに書いても OK。
ぜひ美味しいお菓子やお茶を用意して、
ワクワクした気持ちで取り組んでみてください。
あなたの中で眠っている、
世界でたった一つのダイヤモンドの原石が見つかることでしょう。

# やりたいことは、今すぐはじめよう
～人生は一度きり！ケーキのイチゴは一番最初に～

### ◆どんな辛い経験も「未来の私の糧」になる

あなたがこれまでで一番辛かったことは何ですか？ その経験が、今の自分の糧になっているとしたら、どんな風に役立っていると思いますか？ 3つ書き出してみましょう。

EX：母の代わりにキッチンに立つことが生活の一部になり、現在主催している料理教室の原点になった……etc.

1

2

3

### ◆「このままでいいの？」から一歩踏み出すと、世界が広がる

今「このままでいいのだろうか？」とモヤモヤしていることは？

EX：今の仕事は心からやりたいことではない。このまま、今の仕事を続けてもいいのだろうか？……etc.

そこから抜け出すために今できる具体策を書き出し、ひとつひとつ行動してみましょう。

EX：いつか外資系企業で働きたい。語学力を上げるため海外留学しよう、今週はそのパンフレットを請求しよう……etc.

◆私の人生は、 私次第！ 自分を幸せにできるのは、 自分だけ

あなたは他人に自分の幸せを委ねていませんか？ もし他人に依存しているとしたら、 具体的に何を依存していますか？ また自分で自分を幸せにできるとしたら、 あなたの人生はどのように変わりますか？

EX：「結婚をしたら旦那さんに幸せにしてもらうもの」と思い込み、 精神的にも経済的にも自立していなかった。 もし自分で自分を幸せにできたら、 本当にやりたいことを自由にできるようになる……etc.

◆もし明日、 人生が終わってしまったら何を後悔する？

後悔したくないこと、やりたかったこと、楽しみたかったことを書き出しましょう。

EX：家族との時間をもっと楽しみたかった、 一生続けていきたいと思えることを仕事にしたかった……etc.

### ◆理想の未来をつくる、はじめの2ステップ

［第1ステップ：自分を知る］
**何時間でも夢中になれることは何ですか？　おばあちゃんになっても一生やりたいことは？　思いつくままに書き出してみましょう。**

EX：ファッション誌を読むこと、ネイルの研究をすること、写真を撮ること……etc.

［　　　　　　　　　　　　　　　　　　　　］

**あなたがこれまでの経験で培ってきたものは何ですか？　3つ書き出してみましょう。**

EX：イベントを企画すること、チームでプロジェクトを進めること……etc.

［
1

2

3
］

［第２ステップ：思いついたらとにかく行動］
**理想の未来に近づくために、今すぐできる小さな行動を3つ書き出してみましょう。**

EX：ネットで方法を調べてみる、関連の本を読んでみる……etc.

［
1

2

3
］

### ◆最短距離でゴールに辿り着く方法

**あなたが進みたい分野に、 知り合いはいますか? いれば、 書き出してみましょう。**

EX:シェフの◯◯さん、 美容関係の仕事をしている◯◯さん、 友人の◯◯さんの知り合いの△△さん……etc.

[ ]

### ◆お客様の声を進化のヒントに

**あなたのお客様や、 周りの人が困っていることを3つ書き出しましょう。**

EX:平日のレッスンは仕事があるので参加できない、 小さい子どもがいるから参加できない……etc.

[
1

2

3
]

### ◆「相手の想定を超える」 が成功のカギ

**あなたの好きなことで、 人に喜んでもらえることは何ですか? 小さなことでかまわないので、 思いつくままに書き出してみましょう。**

EX:人の話を聞くこと、 サプライズを企画すること……etc.

[ ]

### ◆強運な人の共通点

人に好かれる人は成功します。 なぜなら運は人が連れてくるから。 あなたの友人・知人で周りからとても好かれている人の特徴や共通点を3つ書き出してみましょう。

EX：人の悪口や愚痴を言わない、 誰に対しても平等に接している……etc.

1

2

3

### ◆夢はみずから掴みにいくもの

ずっと前から叶えたいと思っている夢はありますか？　その夢を叶えるための小さな行動を3つ書き出してみましょう。

EX：レシピ本を出版したい……etc.

1

2

3

**◆あなたにとって、究極の幸せって何ですか?**

何をしている時に幸せを感じますか?　思いつくままに書き出してみましょう。

EX：笑顔の家族と一緒にいる時、文章を書いている時……etc.

**◆「好き」がわかる5つのワーク（※詳しくはP106参照）**

①もし10億円の宝くじが当たり、一生安泰という大金が得られたら何をやりたい?　お金をもらえなくても、やりたいことは?　それは今やりたいビジネスと一緒ですか?

EX：絵を描いて生きていきたい……etc.

②もし1日、1週間、1ヶ月、1年……と時間ができたら、何をしますか?

EX：ダンスを極めたい、英語を学んで海外で暮らしたい……etc.

**③今やっている仕事で何が一番好きですか？　主婦の方でしたら、過去の仕事や主婦業の経験から考えていきましょう。**

EX：お客様にリラックスしていただけるようサービスするのが好き……etc.

[　　　　]

**④今やっている仕事で、何が一番嫌いですか？　主婦の方でしたら、過去の仕事や主婦業の経験から考えていきましょう。**

EX：9時から5時まで出勤しなければならないなど時間の制約があること、情熱を感じられないことに対して、目標達成しなければならないなど、自分の裁量で決められないこと……etc.

[　　　　]

**⑤あなたの好きなことTOP 5は何ですか？**

1位

2位

3位

4位

5位

### ◆「嫌なこと」はやらない方がいい

**「好きなこと」の中にある「嫌なこと」は何ですか？　それをどうやったらカットできるか考えてみましょう。**

EX：お皿洗いが嫌い→食洗機付きのキッチンで料理をする。
集客が嫌い→集客が得意な人にお願いして、売上の一部をお支払いする。

### ◆主婦だって会社員だって「好き」を仕事にできる!

**今の環境の中で、少しでも自分が行きたい方向にいくために、できることはありますか?**

EX：上司に相談する、部署を異動する、転職をする、企画を提案する……etc.

### ◆人と違う、それだけでスペシャルになれる

**あなたが取り組みたいジャンルで、誰もやっていないことは何ですか？**

EX：レインボーカラーのベーグルを作る、経営者の男性限定のお料理教室をする……etc.

［　　　　　　　　　　　　　　　　　　　］

### ◆「私は私！」が世界でたった一つのブランドになる

**人に嫌われるのを恐れて、チャレンジしたいのに諦めていることはありますか？　あるとしたらそれは何でしょうか？**

［　　　　　　　　　　　　　　　　　　　］

### ◆キーワードは「真逆」をいくこと

**あなたの業界の「真逆」は何ですか？**

EX：カラフルで幅が広いネクタイをプロデュースしたラルフ・ローレン

［　　　　　　　　　　　　　　　　　　　］

**「〜だったらいいのに」「なんで〜しないんだろう」など、不満に感じることは？**

EX：一口サイズのカップケーキで革命を起こしたベイクド・バイ・メリッサ

［　　　　　　　　　　　　　　　　　　　］

**あなたの業界のタブーはありますか?**

EX：お料理教室の先生なのに、 エプロンはしないでドレスアップする……etc.

## ◆ルーツ×需要がブランドになる

**これまでの人生を振り返り、 あなたのルーツを考えてみましょう。 同時にお客様の需要を考え、 掛け合わせてみましょう。**

EX：フランスのクロワッサン×アメリカのドーナツ、 日本の文化「おもてなし」×NY の華やかなパーティ……etc.

## ◆ファンの心をつかむために必要なのは「Why」

**あなたはなぜそのビジネスをやりたいのですか?　なぜそのビジネスをあなたがやる必要があるのですか?　それぞれ理由を書き出してみましょう。**

EX：昔から料理をすることも、 お客様におもてなしをすることも大好きだった。 またクライアントの接待や様々なパーティを通じて、 NY スタイルのサプライズに満ちた一流のおもてなしを体験してきた。 それは、 この街に数年住んだだけでは知り得ないこと。 NYに長年住み、 理解している私だからこそできること。

### ◆人はブランドの世界観にお金を払う

お客様にどんなイメージを持ってもらいたいですか？　まずはキーワードでいいので、自分が表現したい世界観を書き出し、そこからしっくりくるTOP 5を選びましょう。

EX：世界のトップ、クリエイティブ、モダン、都会的、インターナショナル

［　　　　　　　　　　　　　　　　　　　　］

そのイメージを、商品の内容やビジュアル、あなたのファッションやヘアメイクなどの外見、SNSなどで発信する言葉や写真などすべてに反映させましょう。

**★商品の内容やビジュアル：**

［　　　　　　　　　　　　　　　　　　　　］

**★外見**

［
ファッション：

ヘアメイク：
］

**★発信内容**

［
どんな言葉であれば、あなたを表現できそうですか？

どんな写真であれば、あなたのイメージを表現できそうですか？
］

◆売ってはいけない！価値を伝えるだけでいい

あなたが愛することで、 かつ高利益の商品だけ販売しましょう。 あなたが売っている商品と値段、 それに費やす時間やコストを書き出し、 1時間ごとのレートを出してみましょう。

EX：10 時間で 10 万円のAサービス >30 時間で 20 万円のBサービス

［　　　　　　　　　　］

◆愛する商品の価値を上げる2つの方法

1. 無駄をカットして、 プレミアムな価値をつける

あなたの商品には、 無駄な時間やコストはありますか？　またお客様が本当に必要としているプレミアムな価値はなんでしょうか？　できる限り無駄をカットし、 プレミアムな価値をつけていきましょう。

EX：無駄なコストがかかる大人数のパーティをやめて、 お客さまによりスペシャルな時間を過ごしていただけるプライベートパーティのみ主催する

［　　　　　　　　　　］

2. お客様の満足度が高い別の価値を組み合わせる

あなたがもっともやりたいことが低利益だった場合、 お客様の満足度が高い別の価値と組み合わせるなら、 どんなことですか？

EX：一番やりたいこと「ヨガを教えること」×お客様の満足度が高く、 一番高利益の「イベント主催」を掛け合わせる

［　　　　　　　　　　］

### ◆断ったほうが愛される

断ることは「私はこの分野のエキスパートです」と伝えるために必要なこと。
そのために…

[第1ステップ]
あなたが守りたい価値観を書き出しましょう。

[第2ステップ]
その考えを自分の中だけでなく、家族や友人に話したり、SNSで発信していきましょう。伝えたい人、発信したいSNSメディアを書き出しましょう。

### ◆なぜあなたでないとダメなのか、を明確にする

**あなたのサービスの一番の売りは何ですか?　お客様は何を解決したくて、あなたのところに来るのですか?**

EX：私のレッスンに通うと◯◯のスキルを得ることができます、1ヶ月で3キロ痩せることができます……etc.

［　　　　　　　　　　　　　　　　　　　　　　　　　　　　　　　　］

**お客様があなたのサービスを受けた後、どんな気分になりますか?**

EX：エルメスのバックを持つと、ワンランクアップした自分になれる気がする、ラルフローレンのネクタイを締めると、新しい自分に出会える気がする……etc.

［　　　　　　　　　　　　　　　　　　　　　　　　　　　　　　　　］

### ◆愛してくれるお客様は自分で決める

**あなたの理想のお客様をイメージし、具体的に書き出しましょう。**

（年齢、性別、家族構成、職業、住んでいる場所、働いている場所、趣味や習い事、ファッション、収入、好きな雑誌やテレビ番組、悩んでいることなど）

［　　　　　　　　　　　　　　　　　　　　　　　　　　　　　　　　］

### ◆この世に失敗はない

失敗を恐れて、挑戦できずにいることはありますか？　もし発想の転換とその後の行動次第で、どんな失敗もプラスに変えられるとしたら、あなたは何に挑戦したいですか？

あなたの挑戦には何がハードルになっていますか？　そのハードルを少し下げるために、あなたができることは何ですか？

### ◆「This Is Me（これが私）！」が扉をひらく

あなたが「これが私！」と言えることは何ですか？　あなたの中の、人とは違う個性はどんなことでしょうか？

ひでこ・コルトン
NY ＊おもてなし料理家
COLTONS NEWYORK 代表取締役
NY在住約30年。外資系投資銀行に10年勤務した後、40代で会社を立ち上げ「NY ＊おもてなし料理教室」を主宰。NYならではの調理法や華やかなテーブルコーディネートが話題を呼び、現地の駐在員夫人や、お忍びで通うセレブリティで常に満席。生徒数はNYや日本だけでなく世界中で3,000名を超え、予約が取れない料理教室に。また、大使関係者や社長クラスのプライベートパーティや、ティファニー、ディオール、髙島屋などハイクラスな企業のフードコーディネートも企画実施。NYの成功者から学んだエッセンスや、自身の経験をもとにブランディングメソッド「COLTON METHOD™」を開発し、企業や個人のコンサルティングも手掛ける。
2012年より米国フジテレビの料理コーナーにレギュラー出演。日本でもTV、新聞、雑誌など幅広く登場。プライベートでは、NY出身のアメリカ人の夫と結婚し、男の子のママでもある。著書に『NYのおもてなしレシピ』（講談社）がある。

# ニューヨーク流自分を魅せる力
## あなたのライフスタイルが最強のブランドになる

2018年7月15日　第1版　第1刷発行

著　者　ひでこ・コルトン
発行者　玉越直人
発行所　WAVE出版
〒102-0074　東京都千代田区九段南3-9-12
TEL 03-3261-3713　FAX 03-3261-3823
振替 00100-7-366376
E-mail: info@wave-publishers.co.jp
http://www.wave-publishers.co.jp

印刷・製本　萩原印刷


NDC159　238p　19cm　ISBN978-4-86621-157-2